La Protección de Datos Personales en México

TERESA MARIA GERALDES DA CUNHA LOPES

Y

LUIS LÓPEZ RAMÍREZ

FACULTAD DE DERECHO Y CIENCIAS SOCIALES

UMSNH

FEBRERO 2010

Editado
21 de Febrero de 2010

Título
La Protección de Datos Personales en México
1ª.Edición

Colección
"Transformaciones Jurídicas y Sociales en el Siglo XXI"
4ª serie/No. 2

Coordinadores de la Colección
Hill Arturo del Río Ramírez
Teresa M. G. Da Cunha Lopes
María Teresa Vizcaíno López

Coordinador de la Edición y Diseño Gráfico
Luis López Ramírez

ISBN 978-0-557-30705-0

Universidad Michoacana de San Nicolás de Hidalgo	Facultad de Derecho y Ciencias Sociales
Dra. Silvia Mª Concepción Figueroa Zamudio *Rectora*	Hill Arturo Del Río Ramírez *Director*
Dr. Salvador Jara Guerrero *Secretario General*	Lic. Gustavo Guerra Servín *Sub-Director*
Dr. Benjamín Revuelta Vaquero *Secretario Académico*	Lic. Zayuri Aguirre Alvarado *Secretaria Académica*
M. C. Amalia Ávila Silva *Secretaría Administrativa*	Lic. Damián Arévalo Orozco *Secretario Administrativo*
C. P. Horacio Guillermo Díaz Mora *Tesorero*	Lic. J. Jesús Rodríguez Morelos *Secretario de Desarrollo Estudiantil*
Dr. Humberto Urquiza Marín *Secretario Auxiliar*	Lic. Miguel Mendoza Barajas *Coordinadora General de Licenciatura*
Mtra. Mª del Rosario Ortíz Marín *Secretaria de Difusión Cultural y Extensión Universitaria*	Lic. María Elena Pineda Solorio *Coordinadora de la Licenciatura en Derecho, Sistema Abierto*
	Lic. María E. Morales Lemus *Coordinadora de la Licenciatura en Derecho, Sistema a Distancia*
	Dr. Héctor Pérez Pintor *Coordinador de la División de Estudios de Posgrado*
www.umich.mx	www.themis.umich.mx

ÍNDICE

LAS INICIATIVAS LEGISLATIVAS

Teresa Maria Geraldes Da Cunha Lopes

BIBLIOGRAFÍA 119

INTRODUCCIÓN

Teresa Maria Geraldes Da Cunha Lopes

INTRODUCCIÓN

La conceptualización del Derecho a la Intimidad, de la Privacidad y de la Protección de Datos

Se pueden comprender dentro del concepto material de Intimidad toda una serie de manifestaciones de la personalidad individual o familiar, pudiendo ejercerse sobre las mismas distintas formas de control cuando aparezcan injerencias de terceros o de los poderes públicos. Así, la *Intimidad* es un derecho fundamental que tiene bienes jurídicos tutelados, entre ellos el honor, la imagen y los datos personales.

La primera formulación doctrinal, de origen norteamericano, apuntaba a la *"Privacy"* como el derecho a que *"le dejen a uno en paz"* (*the right to be let alone*). Esta primera formulación sirvió, sobre todo gracias a la labor del Tribunal Supremo de los Estados Unidos, a declarar contrarias a la Constitución normas que entraban a regular aspectos propios de la vida privada de las personas (como, por ejemplo, el uso de anticonceptivos en las relaciones sexuales, o la penalización de las relaciones homosexuales entre adultos). Gracias a esta construcción de la *Privacy* se pudo encontrar apoyo constitucional para declarar inconstitucionales todas normas de muy diversa naturaleza (entre ellas las encaminadas a la penalización del aborto en la mujer).

Esta primera manifestación de la *"Privacy"* (GRISWOLD vs CONNECTICUT; ver WARREN[1]) se ha vertido luego en normas

---

[1] La posición fundamental de GRISWOLD vs CONNECTICUT como precedente y referencia internacional es visible, tanto en la evolución del concepto de derecho a la privacidad en el Sistema Jurídico Mexicano, como en la formulación del mismo en la jurisprudencia española.

A este respeto resulta muy interesante el Voto particular que formula el Magistrado don Manuel JIMÉNEZ DE PARGA Y CABRERA a la Sentencia dictada en los recursos de inconstitucionalidad acumulados núms. 201/1993, 219/93, 226/93 y 236/93, al que presta su adhesión el Magistrado don RAFAEL DE MENDIZÁBAL ALLENDE y que paso a citar: "La construcción jurisprudencial de la tutela de nuevos derechos fundamentales. La última clase de derechos (los creados por la jurisprudencia) tiene especial relieve. Los derechos no-escritos han de ser tutelados por la jurisprudencia, ya que las Constituciones proporcionan al intérprete un punto de apoyo, unas palabras (escasas a veces, lapidarias), sobre los que hay que efectuar, mediante una actividad creadora, la construcción del derecho fundamental. Debido al lejano momento histórico de la elaboración de la Constitución de Estados Unidos, los jueces se han visto allí obligados a incorporar al acervo constitucional diversos derechos que no figuran ni en los textos del siglo XVIII ni en las Enmiendas posteriores: desde el derecho a la presunción de inocencia al derecho de asociación, pasando por el derecho a casarse y el de educar libremente a los hijos. Y la jurisprudencia norteamericana nos ofrece curiosos ejemplos de tutela judicial que fue articulada apoyándose en otros derechos expresamente protegidos por la Constitución. Suele citarse una Sentencia de 1965, dictada en *Griswold v. Connecticut,* donde se consideró violado el derecho a la privacidad en el matrimonio, invocando al efecto las Enmiendas Primera (que se refiere a varios derechos, entre ellos el de libertad religiosa), la Enmienda Tercera (no alojar tropas sin el consentimiento del dueño de la casa), Enmienda Cuarta (inmunidad del hogar), Enmienda Quinta (garantías del imputado). Con estos derechos se argumentó que proporcionar información sobre el uso de contraconceptivos, que es lo que hacía el Sr. Griswold, director de una Liga de planeamiento familiar, conculcaba el derecho a la privacidad en el matrimonio. La Enmienda Novena, al dejar abierta la lista de derechos fundamentales, facilitó esta elaboración jurisprudencial de un derecho atípico. Algo parecido se ha llevado a cabo por las interpretaciones constitucionales en Italia y en Alemania, cuyas Constituciones contienen unos preceptos que han facilitado la inclusión de nuevos derechos: art. 2 de la Constitución italiana; art. 2.1) de la Ley Fundamental de Alemania.3. El derecho de libertad informática en el Ordenamiento español. La STC 254/1993, FJ 6, mencionó, por vez primera en nuestra jurisprudencia, la libertad informática, entendida como un derecho fundamental "en sí mismo". Lo subraya bien la Sentencia a la que estoy formulando este Voto concurrente. Es un punto de apoyo para la pertinente construcción del derecho fundamental. Otra base firme la proporciona el art. 18.4 CE. Pero la Sentencia convierte en base principal lo que en la Constitución es un simple mandato al legislador para que éste limite el uso de la informática. A mi entender, la libertad informática, en cuanto derecho fundamental no recogido expresamente en el texto de 1978, debe tener como eje vertebrador el art. 10.1 CE, ya que es un derecho inherente a la dignidad de la persona. Tal vinculación a la dignidad de la persona proporciona a la libertad informática la debida consistencia constitucional. También son preceptos que facilitan la configuración de la libertad informática los contenidos en los arts. 18.1 (derecho al honor, a la Intimidad personal y familiar y a la propia imagen) y 20.1 (libertad de expresión y de información), entre otros, así como los Tratados y Acuerdos internacionales, en cuanto son guías de interpretación constitucional (art. 10.2 CE): fundamentalmente, el Convenio Europeo para la protección de los Derechos Humanos y las Libertades Fundamentales (1950), art. 8; el Convenio del Consejo de Europa para la Protección de las personas con respecto al Tratamiento Automatizado de Datos de Carácter Personal (1981), arts. 5, 6, 8 y 9; Directiva 95/46/CE del Parlamento Europeo y del Consejo, de 24 de octubre de 1995, relativa a la Protección de las Personas Físicas en lo que respecta al Tratamiento de Datos Personales y a la libre Circulación de estos datos, art. 13." (fin de citación) constitucionales o internacionales que han consagrado un derecho fundamental a la Intimidad. Su fundamento sigue siendo el mismo: hay parcelas que pertenecen a lo más íntimo del ser humano y que sólo a él - no al Estado - corresponde regular.

Gracias a esta concepción es posible hablar hoy de:

- Un derecho general a la *Intimidad,* que regula (y, en determinados casos, prohíbe) la obtención de información íntima concerniente al individuo, por ejemplo frente a la libertad de expresión de un tercero (un artículo de prensa que revele datos íntimos de una persona famosa), frente otros intereses de particulares (por ejemplo, los datos genéticos que exige una compañía de Seguros) o frente al Estado (por ejemplo, la grabación por la policía de una conversación de un sospechoso de haber cometido un delito).

- Manifestaciones específicas del *Derecho a la Intimidad*, consideradas como derechos autónomos, como la inviolabilidad de domicilio o el secreto de las comunicaciones, y la *Protección de Datos Personales.*

El carácter autónomo de estos derechos consiste en que, aún teniendo como origen la protección de la Intimidad personal, se han independizado de éste, de modo que:

- La inviolabilidad de domicilio protege todo lo que se desarrolle en ese ámbito, tanto si pertenece como si no a la esfera de lo que puede considerarse "íntimo".

- El secreto de las comunicaciones protege todo tipo de correspondencia, no sólo aquélla que tenga un contenido íntimo o revele datos pertenecientes a la esfera de Intimidad.

- La Protección de Datos Personales

Una de las consecuencias de la violación del Derecho a la Intimidad: la prueba ilícita.

Una de las principales manifestaciones del Derecho a la Intimidad es su ejercicio con ocasión de una investigación policial. Cuando el titular del derecho es un sospechoso de haber cometido un delito, el régimen jurídico del mismo puede exigir:

- la autorización judicial para restringir el Derecho a la Intimidad. De este modo, la policía debe solicitar del juez una autorización para entrar en un domicilio o para interceptar una comunicación. A su vez, la autorización del juez debe respetar ciertos principios de motivación, proporcionalidad, etc.

- Cuando el delito es extremadamente grave, por ejemplo, en casos de sospechosos de pertenecer a grupos terroristas[2], puede existir una normativa de excepción (legislación antiterrorista) que matice los requisitos anteriores (por ejemplo, permitiendo a la policía intervenir pero exigiendo que, con posterioridad, lo comunique al juez), o incluso que, en la práctica, los haga desaparecer.

Es en estas ocasiones cuando entra en juego una de las consecuencias más llamativas de la vulneración de este derecho, la denominada prueba ilícita o prueba obtenida en violación de derechos fundamentales.

En virtud de este principio, una prueba obtenida vulnerando el Derecho a la Intimidad (por ejemplo, grabar una conversación o entrar en un

---

[2] Por ejemplo, el control de tráfico (no de contenidos) de las comunicaciones impuestos por la nueva directiva europea como consecuencia del 14M y de los atentados de Julio en Inglaterra introduce restricciones que son comparables en grado y justificación a las restricciones a la libertad de circulación entre ciudadanos miembros de la Unión Europea

domicilio sin la correspondiente autorización de la autoridad judicial) no puede utilizarse como prueba de cargo contra un sospechoso de haber cometido un delito.

Ello puede traer consigo que, incluso en situaciones en la que la prueba obtenida ilícitamente demuestre de un modo incontrovertible la culpabilidad del acusado, éste tenga que ser puesto en libertad, si no existe otra prueba de cargo en su contra o si la que hay no pudo haber sido obtenida sin el concurso de la primera (por ejemplo, cuando la interceptación ilícita de una comunicación permite a la policía localizar a un sospechoso que mantiene una conversación telefónica, interceptada ahora con la oportuna autorización del juez, que permite inculparlo).

En definitiva, una prueba obtenida vulnerando del Derecho a la Intimidad, la inviolabilidad de domicilio o el secreto de las comunicaciones es una prueba que viola derechos fundamentales (como, por ejemplo, una confesión obtenida mediante tortura) y por lo tanto nula.

Una etapa posterior de la evolución posterior de la Intimidad ha venido suscitada por la problemática que genera el tratamiento de los datos personales, tanto aquellos que se refieren a aspectos tradicionalmente considerados pertenecientes a la esfera de "lo íntimo" (relacionados con la moral sexual, la ideología, la religión, etc.) como otros que pueden considerarse en principio "banales" (principalmente hábitos de consumo), o innovadores, como datos genéticos (en particular el uso de las pruebas de ADN).

Es habitual la recogida y almacenamiento de estos datos mediante encuestas con finalidades sociológicas (trabajos científicos sobre las actitudes de la población), políticas (sondeos de opinión o electorales), económicas (orientadas al mercado), policiales (bases de datos de delitos, sospechosos, etc.) y otras.

Ahora bien, las posibilidades abiertas por el tratamiento informático de los datos ha difuminado la distinción entre lo que debe considerarse íntimo y lo que no, ya que cualquier dato, por banal que pueda presentarse, puede contribuir a configurar un determinado perfil actitudinal.

Esto ha hecho cambiar el concepto mismo de "Intimidad", que tiende a ser sustituido por el más amplio de "privacidad". La "privacidad", entendida de este modo, cubriría datos que, aunque relativos a conductas no pertenecientes en principio a la esfera íntima, son susceptibles de un tratamiento informático conjunto que permite trazar un perfil completo de las pautas de la vida privada del individuo.

Más que de una esfera íntima, la metáfora actual apunta a lo privado como un mosaico, cuyas piezas todas contribuyen, incluso la más pequeña, a dotar de significado al conjunto.

Por esta razón, las normas protectoras del Derecho a la Intimidad se han extendido también sobre los límites del tratamiento informático de los datos personales, hasta el punto de configurar un derecho fundamental especifico, el derecho a la autodeterminación informativa o derecho al control sobre los propios datos personales, al que se ha venido en denominar, por analogía con el viejo derecho de "Habeas Corpus" con el término "Habeas Data[3]"

---

[3] El Tribunal Constitucional (España) ha reconocido, el derecho a la autodeterminación informática (Habeas Data) que aparece, en STC 254/1993 bajo el término "libertad Informática". Este derecho fue reconocido por primera vez por el Tribunal Constitucional alemán en su sentencia de 15 de diciembre de 1983 sobre la Ley del Censo. En esta sentencia el Tribunal Constitucional alemán consideró el derecho a la autodeterminación informativa

Las características de esta regulación suelen cubrir aspectos como:

- Las condiciones en las que puede procederse al tratamiento de los datos personales.

- Tipos de datos cuya recogida y tratamiento se encuentra prohibido.

- Tipos de datos sujetos a unos requisitos específicos, por ejemplo, el de consentimiento expreso o por escrito (datos considerados sensibles).

- Confidencialidad y seguridad de los datos sometidos a tratamiento.

- Los derechos de información, acceso y notificación de los titulares de los datos.

- El establecimiento de Agencias Independientes de Protección de Datos con potestades inspectoras y sancionadoras.

- El establecimiento de acciones judiciales para reparar la violación de los derechos anteriores.

Es interesante remarcar que la normativa sobre "Habeas Data" tiene un origen y unos efectos directamente relacionados con la economía. Aunque se trata de regular un derecho fundamental (a la "privacidad"), esta normativa regula también de hecho la incidencia del tráfico de datos en el mercado.

Así, jurídicamente la protección de los datos personales, como ya se dijo en un principio, se desprende de la tutela a la Intimidad entendida como un derecho fundamental, por lo que los alcances de ésta, permean en la

---

sobre la base del derecho a la autodeterminación de la persona e identificó este nuevo derecho, que implica que cada individuo puede decidir básicamente por sí mismo cuándo y dentro de qué límites procede revelar situaciones referentes a la propia vida. Para el Tribunal Constitucional alemán, el libre desarrollo de la personalidad presupone, en las condiciones modernas. Vid, EKMEKDJIAN: 1996; y las normativas de la Unión Europea) de la elaboración de datos, la protección del individuo contra la recogida, el almacenamiento, la utilización y la transmisión ilimitados de los datos referentes a la persona.

conformación de aquellos. Es decir la evolución sociológica y jurídica de la Intimidad se relaciona con esos datos personales[4].

Sin pasar de lado la influencia que la globalización arrastra para la información y como consecuencia de ella para los "datos" y consecuentemente para los "personales". Es cierto que la sociedad de la información alienta el flujo de información, casi sin límites, no obstante deberíamos reflexionar sobre la injerencia que se da en la información que contiene "datos personales". Unas preguntas serían ¿porqué esos datos están ahí? ¿Cuál es la justificación y la pertinencia de esos datos?

El bien jurídico que se tutela en la Protección de Datos personales es la Intimidad, ya MORALES PRATS ha sostenido que en la *Privacy* (sic) de la esfera íntima "...*se asientan las facultades clásicas de exclusión de terceros en lo que respecta a hechos o circunstancias relativos a la Intimidad, con relevancia jurídica (secretos documentales, secretos domésticos, inviolabilidad de domicilio)...*"[5].

---

[4] No debemos olvidar que como consecuencia del triunfo del estado burgués en la Europa decimonónica, se entronización en el sistema jurídico las libertades individuales, entre ellas, la de expresión pero con ciertos límites impuestos por el *status quo* imperante. Así, uno de esos límites fue la "privacidad" de las personas, claro está, de las personas consideradas como tal en ese sistema, una persona en pleno ejercicio de sus derechos y sobre todo, reconocida así por el poder político. Definitivamente, para la sociedad burguesa del siglo XVIII y sobre todo del XIX, las personas con derechos eran aquellas de su condición, acaso debería haber límites para las personas pertenecientes a una clase social inferior. No, esos límites se pensaron para los gentiles hombres, para aquellos seres que tenían un cierto "estado" en sociedad. La ilustración pudo concebir en un primer momento la igualdad, libertad y fraternidad para todos los hombres, pero en la realidad jurídica, algunos de los límites de estas libertades, fueron pensadas en función de un *establishment*.

[5] MORALES PRATS, F.: *La tutela penal de la Intimidad: Privacy e informática*, Barcelona, 1984, pp. 136 y ss.

Los derechos de libertad que corresponden con el *status libertatis* de las personas, corresponden a los llamados derechos de la esfera personal y entre ellos la protección de los datos personales frente a sus posibles usos desmedidos, maliciosos o de plano ilegales, corresponden a esta tipología de derechos que garantizan entre otras, un ámbito de libertad, pero también de privacidad frente al Estado.

No obstante debemos señalar que la vulneración no sólo puede ser producto del uso indebido de los archivos tradicionales o recopilados en archivos tecnológicos que están en poder de Estado. También los particulares pueden llegar a violentar este derecho de la esfera personal a al honor ya la propia imagen, y esto porque los datos personales no sólo son aquellos que se con tienen como signos escritos, también una imagen puede ser archivada y su utilización puede transgredir, así mismo el honor pudiera llegar a dañarse con la utilización de ciertos datos personales la Intimidad personal y familiar.

No debemos olvidar que cuando WARREN y BRANDEIS analizaron el ámbito jurídico del *"the right to be let alone*[6]*"*, se referían a que la esfera privada de un hombre no debería ser perturbada por terceros, por lo cual llegamos al punto de ser necesario distinguir claramente las esferas de la Intimidad, puesto que no todas gozan del mismo nivel de protección. Añadiendo a lo anterior que dependerá también de la misma característica pública de la persona que se trate. Otro elemento a considerar: la omnipresencia, en los últimos sesenta años de los registros de diversa orden.

---

[6] La protección de la vida privada ha visto transcurrir un periodo de casi tres cuartos de siglo desde su primera formulación teórica por Warren y Brandeis. Ver: Samuel D. WARREN; Louis D. BRANDEIS (dic. 1890). *«The right to Privacy»*. *Harvard Law Review*. Vol. IV, n. °. 5.

Desde el inicio de nuestra vida vamos dejando "rastro", huellas a través de distintos medios y registros ante las instituciones del Estado (nacimiento, matrimonio, compraventas, etc.) universidades públicas, inclusive ante la muerte (acta de defunción); sin olvidar los rastros privados: tarjetas de crédito, clubes privados de cualquier naturaleza y ahora hasta el cine. Hoy, en México, este "rastro" es totalmente controlado por el Estado a través del uso universal de la CURP[7].

También deberíamos distinguir entre la tradición anglosajona y la neoromana, y es que si bien la naturaleza de este derecho fundamental tiene sus inicios en la aquella, con las referencias de BRANDEIS al "Privacy", una vez adoptado por el derecho continental el contenido y derrotero que ha tomado tal derecho tiene particularidades.

Como anteriormente hemos referido, el Derecho a la Protección de Datos personales no surge como un derecho autónomo, sino que se desarrolla, sobretodo, a partir de la evolución tecnológica sostenida desde la segunda mitad del siglo XX[8], a partir del concepto más amplio de Intimidad.

---

[7] La CURP identificar al individuo en los registros de personas a cargo de las organizaciones públicas y privadas de los Estados Unidos Mexicanos. Esto significa que servirá para realizar actividades y obtener servicios importantes. Es una clave de registro alfanumérico, única e irrepetible, que ofrece condiciones para sustituir el uso de todo tipo de códigos diversos, tales como clave de pasaporte, de cartilla de vacunación, de cartilla de salud, de licencia de conducir, de matrícula universitaria, de cédula fiscal y de catastro, tan sólo por mencionar algunos. Fue adoptada a partir del 31 de Diciembre de 2003, siendo que el 23 de octubre de 1996, se publicó en el Diario Oficial de la Federación el Acuerdo Presidencial para la adopción y uso por la Administración Pública Federal de la Clave Única de Registro de Población

[8] El llamado derecho a la autodeterminación informativa nace en la República Federal Alemana con la sentencia dictada por el Tribunal Constitucional Federal Alemán (TCFA) en la sentencia sobre la Ley del Censo.2 El TCFA afirma en la sentencia que el derecho general de la personalidad comporta la atribución al individuo de la capacidad de decidir, en el ejercicio de su autodeterminación, qué extremos desea revelar de su propia vida. Para el TCFA: «la autodeterminación del individuo presupone –también en las condiciones de las

No obstante en la actualidad diversos autores consideran que debe considerarse ya, tal derecho, con plena autonomía[9].

Podemos argumentar que la Protección de Datos tiene como presupuesto el resguardo a la Intimidad. No obstante lo anterior y analizando la naturaleza del Derecho a la Intimidad es precisamente el que da lugar al desarrollo de los datos personales y su protección tan sólo por considerarse derechos periféricos de la personalidad pudiendo entender mejor la amplitud de la Intimidad informática.

Otra cuestión que no es loable dejar de lado es la relacionado con la posible colisión de otros derechos con este tipo de derechos personales y entre otros por supuesto que encontramos el derecho de acceso a la

---

técnicas modernas de tratamiento de la información–que se conceda al individuo la libertad de decisión sobre las acciones que vaya a realizar o, en su caso, a omitir, incluyendo la posibilidad de obrar de hecho en forma consecuente con la decisión adoptada. »Esta libertad de decisión, de control, supone además que el individuo tenga la posibilidad de acceder a sus datos personales, que pueda, no sólo tener conocimiento de que otros procesan informaciones relativas a su persona, sino también someter el uso de éstas a un control, ya que, de lo contrario, se limitará su libertad de decidir por autodeterminación». La consecuencia de este razonamiento es el reconocimiento jurisprudencial de un derecho fundamental a la autodeterminación informativa basado en el derecho general de la personalidad y que ofrece protección frente a la recogida, el almacenamiento, la utilización y la transmisión ilimitada de los datos de carácter personal y «garantiza la facultad del individuo de decidir básicamente por sí mismo sobre la difusión y la utilización de sus datos personales». Con respecto del significado de la autodeterminación informativa en la Constitución alemana, véase Antonio Enrique PÉREZ LUÑO (1989). «Libertad informática y derecho a la autodeterminación informativa». *I Congreso sobre Derecho Informático*. Facultad de Derecho de la Universidad de Zaragoza. Págs. 359-375. Y citado por Adalbert PODLECH (1984). «Art. 2 Abs. 1». *Kommentar zum Grundgesetz für die Bundesrepublik Deustchland (Reihe Alternativkommentare)*. Luchterhand, Neuwied-Darmstadt. Págs. 341 y ss.

[9] LÓPEZ AYLLÓN sostiene que tal derecho se ha desarrollado como un derecho autónomo LÓPEZ AYLLÓN, S.: "Derecho de la Información" en INSTITUTO DE INVESTIGACIONES JURÍDICAS DE LA UNAM: *Diccionario Jurídico Mexicano*, México, 1999, p. 574.

información, puesto que se corre grave peligro que al no controlar el acceso a la información tanto en el ámbito público como privado, se transgreda y violente la naturaleza misma de la Intimidad y consecuentemente de los datos personales. Ya se había comentado que la autodeterminación informativa es un derecho que conlleva una acción positiva por parte de titular de esos datos, es decir bajo su acción, controla la disposición y tratamiento de los datos.

Pero también surge con encomiable importancia la acción de los órganos estatales y de los entes privados en el sentido positivo y negativo pues se requiere de actos de "no hacer" cuando tenga disposición expresa del interesado y de "hacer" cuando el individuo ejercita esa autodeterminación informativa para actualizar o suprimir algunos o todos los datos de carácter personal.

Para MORALES PRATS, autor anteriormente citado, el honor y la Intimidad -en cuanto esfera de Intimidad situada en un contexto social dado[10] -, se presentan como bienes jurídicos interrelacionados, pues gran parte de las ofensas a la fama o reputación de las personas se producen mediante el menoscabo de la Intimidad[11].

El Derecho a la Intimidad se ve, así, reforzado por un conjunto de garantías jurídicas con las que se protege el mundo interior de la persona frente a las perturbaciones que le pudiera causar la acción desmedida de

---

[10] En referencia al Derecho a la Intimidad, es preciso delimitar la frontera entre lo que se debe considerar reservado a la esfera personal y lo que sale de esa esfera y puede considerarse público.

[11] MORALES PRATS, F., *op. cit.*, 1984, p. 136

terceros. Sin embargo, la construcción doctrinal más relevante ha sido formulada por los profesores PÉREZ LUÑO[12] y LUCAS MURILLO DE LA CUEVA.[13] Para el profesor LUCAS MURILLO, la autodeterminación informativa: *"en cuanto que posición jurídica subjetiva correspondiente al status de Habeas Data», pretende satisfacer la necesidad, sentida por las personas en las condiciones actuales de la vida social, de preservar su identidad controlando la revelación y el uso de los datos que les conciernen y protegiéndose frente a la ilimitada capacidad de archivarlos, relacionarlos y transmitirlos propia de la informática, y de los peligros que esto supone.*"Ese objetivo se consigue por medio de lo que se denomina técnica de Protección de Datos, "integrada por un conjunto de derechos subjetivos, deberes, procedimientos, instituciones y reglas objetivas".[14]

En una obra posterior, LUCAS MURILLO ha definido la autodeterminación informativa como: *"el control que a cada uno de nosotros nos corresponde sobre la información que nos concierne personalmente, sea íntima o no, para preservar de este modo y en último extremo la propia*

---

[12] PÉREZ LUÑO plantea la necesidad, en la era informática, de la existencia de un *Habeas Data* que se erija, del mismo modo que en su día hizo el *Habeas Corpus*, en cauce procesal que salvaguarde la libertad de la persona en la esfera de la informática, y entiende que el surgimiento de este derecho, que se integraría en los derechos de tercera generación, supone la necesidad de incorporar a la teoría de los estatus de Jellinek un nuevo estatus, el de *Habeas Data*. El autor identifica este concepto con el de «libertad informática » que define como «un nuevo derecho de autotutela de la propia identidad informática: o sea, el derecho de controlar (conocer, corregir, quitar o agregar) los datos personales inscritos en un programa electrónico». Vide: A. E. PÉREZ LUÑO (1996). *Manual de informática y derecho*. Barcelona: Ariel. Pág. 43

[13] Pablo LUCAS MURILLO DE LA CUEVA (1990). *El derecho a la autodeterminación informativa*. Madrid: Tecnos. Temas clave. Págs. 173-174.

[14] Ibidem

identidad, nuestra dignidad y libertad. En su formulación como derecho, implica necesariamente poderes que permitan a su titular definir los aspectos de su vida que no sean públicos, que desea que no se conozcan, así como facultades que le aseguren que los datos que de su persona manejan terceros informáticamente son exactos, completos y actuales, y que se han obtenido de modo leal y lícito".[15]

Este planteamiento doctrinal ha sido acogido finalmente por la jurisprudencia del Tribunal Constitucional Español, que ha alumbrado el derecho fundamental a la Protección de Datos a través de un conjunto de sentencias dictadas en el periodo que va de 1993 al 2000. Debe señalarse que la primera sentencia, la número 254/1993[8] recoge el derecho, –al que denomina libertad informática–, de un modo ciertamente confuso, para después ir poco a poco perfilando el contorno del nuevo derecho.[16]

Será en la STC 292/2000 (como lo veremos en el apartado sobre el contexto normativo español) donde el Alto Tribunal diseñe con nitidez el contenido del derecho fundamental a la Protección de Datos. El fundamento

---

[15] Pablo LUCAS MURILLO DE LA CUEVA (1993). *Informática y Protección de Datos personales (estudios sobre la Ley Orgánica 5/1992 de Regulación del Tratamiento Automatizado de los Datos de Carácter Personal)*. Cuadernos y Debates. Madrid: Centro de Estudios Constitucionales. Págs. 32 y 51. Existen posturas similares en torno a la categoría de la autodeterminación informativa. Así, puede consultarse M. HEREDERO HIGUERAS (1996). *La Ley Orgánica 5/1992 de Regulación del Tratamiento Automatizado de los Datos de carácter Personal: comentario y textos*. Madrid: Tecnos.

[16] Véase Pablo LUCAS MURILLO DE LA CUEVA (2000). «Las vicisitudes del derecho de la Protección de Datos personales» en *Revista Vasca de Administración Pública*. Vol. 2, n. ° 58, pág. 211-242; Pablo LUCAS MURILLO DE LA CUEVA (2003). «La primera jurisprudencia sobre el derecho a la autodeterminación informativa». *Datospersonales.org: La revista de la Agencia de Protección de Datos de la Comunidad de Madrid*. N. ° 1.

jurídico quinto de la sentencia confirma la interpretación conforme a la cual el art. 18.4 CE incorpora un nuevo derecho fundamental dotándolo de plena autonomía respecto del Derecho a la Intimidad:[17] "Este derecho fundamental a la Protección de Datos, a diferencia del Derecho a la Intimidad del art. 18.1 CE, con quien comparte el objetivo de ofrecer una eficaz protección constitucional de la vida privada personal y familiar, atribuye a su titular un haz de facultades que consiste en su mayor parte en el poder jurídico de imponer a terceros la realización u omisión de determinados comportamientos, cuya concreta regulación debe establecer la ley, aquella que conforme al art. 18.4 CE debe limitar el uso de la informática, bien desarrollando el derecho fundamental a la Protección de Datos (art. 81.1 CE), bien regulando su ejercicio (art. 53.1 CE). La peculiaridad de este derecho fundamental a la Protección de Datos respecto de aquel derecho fundamental tan afín como es el de la Intimidad radica, pues, en su distinta función, lo que apareja, por consiguiente, que también su objeto y contenido difieran".

A continuación, el fundamento jurídico sexto de la sentencia define el objeto de protección del derecho que alcanza: "*a cualquier tipo de dato personal, sea o no íntimo, cuyo conocimiento o empleo por terceros pueda afectar a sus derechos, sean o no fundamentales, porque su objeto no es sólo la Intimidad individual, que para ello está la protección que el art. 18.1 CE otorga, sino los datos de carácter personal. Por consiguiente, también alcanza a aquellos datos personales públicos, que por el hecho de serlo, de*

---

[17] Esta interpretación se encuentra presente, ya de modo muy claro, en el conjunto de sentencias dictadas con motivo del caso RENFE sobre uso indebido de datos sobre afiliación sindical. El supuesto recogido en la sentencia, en tanto que afectaba a un colectivo de trabajadores, ha generado un conjunto de sentencias coincidentes tanto en los antecedentes como en los fundamentos jurídicos y el fallo. SSTC 11/1998, 33/1998, 35/1998, 45/1998, 60/1998, 77/1998, 94/1998, 104/1998, 105/1998, 106/1998, 123/ 1998, 124/1998, 126/1998, 158/1998, 198/1998, 223/1998, 30/1999, 44/1999 y 45/1999.

ser accesibles al conocimiento de cualquiera, no escapan al poder de disposición del afectado porque así lo garantiza su Derecho a la Protección de Datos. También por ello, el que los datos sean de carácter personal no significa que sólo tengan protección los relativos a la vida privada o íntima de la persona, sino que los datos amparados son todos aquellos que identifiquen o permitan la identificación de la persona, pudiendo servir para la confección de su perfil ideológico, racial, sexual, económico o de cualquier otra índole, o que sirvan para cualquier otra utilidad que en determinadas circunstancias constituya una amenaza para el individuo".

En el mismo fundamento se describe el contenido del Derecho fundamental a la Protección de Datos, que incluye un haz de garantías y facultades que se traducen en determinadas obligaciones de hacer. Se trata del derecho a que se requiera el previo consentimiento para la recogida y uso de los datos personales, el derecho a saber y ser informado sobre el destino y uso de esos datos y el derecho a acceder, rectificar y cancelarlos. Pese a que este planteamiento pueda ser criticable desde un punto de vista dogmático,[18] y tanto en lo relativo al contenido del derecho, como a la técnica empleada por el Tribunal Constitucional y a su anclaje constitucional,[19] lo cierto es que cierra de modo definitivo cualquier posibilidad de debate. El más evidente resulta de la proyección de la misma respecto del Ordenamiento español, y en particular respecto de la Ley Orgánica 15/1999, de 13 de diciembre de Protección de los Datos de Carácter Personal (LOPD), conformando un bloque normativo cuya interpretación queda claramente definida a partir de la STC 292/2000.

---

[18] Véase Carlos RUIZ MIGUEL: *La Configuración Constitucional del Derecho a la Intimidad.* Madrid: Tecnos, 1995

[19] Véase Ricard MARTÍNEZ MARTÍNEZ: *Una aproximación crítica a la autodeterminación informativa.* Madrid: APDCM-Thomson-Civitas, 2004.

Junto a ello, la evolución del derecho en la Unión Europea ha tomado un camino que conduce inequívocamente al reconocimiento de este derecho. En efecto, más allá de la sucesión de directivas[20] dictadas y de las constantes exigencias en esta materia contenidas por distintos convenios,[21] la Carta Europea de Derechos Fundamentales incorpora de modo expreso el Derecho a la Protección de Datos. Con posterioridad, este derecho se incorporó al artículo II-68 de la *non nata* Constitución europea, recuperado en el Tratado de Lisboa, cuyo tenor literal decía:

"1. Toda persona tiene derecho a la protección de los datos de carácter personal que le conciernan.

2. Estos datos se tratarán de modo leal, para fines concretos y sobre la base del consentimiento de la persona afectada o en virtud de otro fundamento legítimo previsto por la ley. Toda persona tiene derecho a acceder a los datos recogidos que la conciernan y a obtener su rectificación.

3. El respeto de estas normas estará sujeto al control de una autoridad independiente".

---

[20] Se han dictado distintas directivas como la Directiva 95/46/CE del Parlamento Europeo y del Consejo, de 24 de julio de 1995, relativa a la protección de las personas físicas en lo que respecta al tratamiento de datos personales y a la libre circulación de estos datos, la Directiva 97/66/CE del Parlamento Europeo y del Consejo, de 15 de diciembre de 1997, relativa al tratamiento de los datos personales y a la protección de la Intimidad en el sector de las telecomunicaciones, la Directiva 2002/58/CE del Parlamento Europeo y del Consejo, de 12 de julio de 2002 relativa al tratamiento de los datos personales y a la protección de la Intimidad en el sector de las comunicaciones electrónicas o directiva sobre la privacidad y las comunicaciones electrónicas y la Directiva 2006/24/CE sobre conservación de datos generados o tratados en relación con la prestación de servicios de comunicaciones electrónicas de acceso público o de redes públicas de comunicaciones

[21] Así por ejemplo, puede verse el Convenio de Schengen, de 19 de junio de 1990, de aplicación del Acuerdo de Schengen de 14 de junio de 1985, entre los Gobiernos de los Estados de la Unión Económica Benelux, de la República Federal de Alemania y de la República Francesa relativo a la supresión gradual de los controles en las fronteras comunes y el Protocolo núm. 2 por el que se integra el Acervo de Schengen en el marco de la Unión Europea. En el mismo contexto, hay que incluir el Convenio basado en el artículo K.3 del Tratado de la Unión Europea por el que se crea una Oficina Europea de Policía o Convenio Europol.

Tomando en consideración que, como excepción al Derecho a la Información, el Derecho a la Intimidad debe precisar ineludiblemente ese carácter de excepcionalidad, se debe cuidar que tal derecho no sea un obstáculo al de información. De lo contrario se arriesgaría el ejercicio del Derecho a la Información[22], pilar fundamental de las democracias occidentales.

De la misma manera, pero en sentido contrario, con el ejercicio inadecuado del Derecho a la Información se puede vulnerar la Intimidad personal y familiar difundiendo hechos que pertenecen a la zona reservada de la persona, o sea, todos los derechos varían su significado político y jurídico de acuerdo con el contexto histórico-social en que se desenvuelven.

El Derecho a la Intimidad se manifiesta en este punto peculiarmente dependiente del desarrollo tecnológico y de la creciente penetración de la digitalización en todos los niveles de nuestro cotidiano. Precisamente su historia como derecho autónomo y como necesidad humana se produce cuando la técnica proporciona medios de vigilancia electrónica que muchas de las veces hacen inútil todo intento de salvaguardar la esfera íntima del sujeto mediante formas jurídicas tradicionales[23].

---

[22] En la STS de 13-III-1989, FFJJ 1° y 3° se lee: *"La Intimidad, semánticamente concedida como zona reservada de la persona y de su espíritu y, catalogada como uno de los derechos fundamentales y que constituye el acervo y patrimonio de la persona más cercano (...) Como es natural, el patrimonio que comprende la Intimidad personal es extremadamente amplio y variado, sin que puedan sentarse reglas generales ni catálogos enunciativos de la misma; pero sin hacer referencias a todos aquellos datos biológicos o espirituales o caracterológicos que componen el ser de una persona, como pueden ser los datos analíticos o profesionales de una persona determinada (...) Toda vez que no puede arrogarse un derecho de información sobre la base de quebrantar un derecho fundamental como es el de la Intimidad, y existen siempre términos hábiles para divulgar la exclusión o baja de un atleta sin dar publicidad a algo tan íntimo y cercano que afecta a la personalidad de una persona, como es su conformación cromosómica."*

[23] MORALES PRATS, F.: *Op. cit.*, p. 118

Continuando con el análisis de las proposiciones teóricas de MORALES PRATS, la delimitación de la esfera íntima no es fácil, pues, como ya lo vimos en los párrafos anteriores, la confusión con respecto a otras esferas de protección de la libertad individual ha sido constante, sobre todo, en los ordenamientos de Europa continental[24]. Pero, a partir de la Directiva 97/66/CE y su transposición a los sistemas normativos de los Países Miembros[25], esto ha sido rebasado. Tal puede ser observado, en el caso español, en la Ley Orgánica 15/1999, de 13 de diciembre, de Protección de Datos de Carácter Personal en España, cuyo artículo 7 enumera los datos personales especialmente protegidos que abarcarían datos concernientes a la ideología, a la religión o al origen racial de la persona, por ejemplo.

En este sentido, bien vale la pena añadir que, según EMILIO SUÑÉ, en la mayoría de los países desarrollados se ha legislado, a partir de la década de los setenta, sobre Protección de Datos de carácter personal[26].

Podemos, entonces resumir el ámbito de la Intimidad, en tres aspectos fundamentales (campos): a) sexualidad, b) elementos referentes la salud de las personas y a su patrimonio genético o c) otros hechos -sean ciertos o no- relativos a su vida privada o íntima (secreto profesional, inviolabilidad del domicilio, de la correspondencia y de las comunicaciones telefónicas y telegráficas, sanción del abuso en el manejo de datos,

---

[24] *Ibídem.* p. 119.

[25] Lo mismo , en Portugal, con la *Lei no. 86/98 de 26 de Outubro de 1998 Lei de Proteccao de Dados Pessoais*

[26] SUÑÉ LLINÁS, E., *Tratado de Derecho Informático. Volumen I: Introducción y Protección de Datos Personales*, Universidad Complutense Madrid, España. 2000. pp. 29 31.

información relativa a las personas por parte de quien las posee, uso ilegal de la informática y otras)d) datos sensibles ambientales.

En México, la constitucionalización de la protección del Derecho a la Intimidad, recogió los parámetros de los Pactos Internacionales anteriores y en especial el del Pacto de San José. En tal virtud, se plasmó en la Constitución, el Derecho al Acceso a la Información [27](art.6), el Derecho a la

---

[27] Fuente: http://info4.juridicas.unam.mx/ijure/fed/9/7.htm?s=

ARTICULO 6o.- la manifestación de las ideas no será objeto de ninguna inquisición judicial o administrativa, sino en el caso de que ataque a la moral, los derechos de tercero, provoque algún delito, o perturbe el orden público; el derecho de réplica será ejercido en los términos dispuestos por la ley. El Derecho a la Información será garantizado por el estado. (reformado mediante decreto publicado en el diario oficial de la federación el 13 de noviembre de 2007.) Para el ejercicio del derecho de acceso a la información, la federación, los estados y el distrito federal, en el ámbito de sus respectivas competencias, se regirán por los siguientes principios y bases: (adicionado mediante decreto publicado en el diario oficial de la federación el 20 de julio de 2007.) I. Toda la información en posesión de cualquier autoridad, entidad, órgano y organismo federal, estatal y municipal, es publica y solo podrá ser reservada temporalmente por razones de interés publico en los términos que fijen las leyes. En la interpretación de este derecho deberá prevalecer el principio de máxima publicidad. (adicionado mediante decreto publicado en el diario oficial de la federación el 20 de julio de 2007.) Ii. La información que se refiere a la vida privada y los datos personales será protegida en los términos y con las excepciones que fijen las leyes. (adicionado mediante decreto publicado en el diario oficial de la federación el 20 de julio de 2007.) Iii. Toda persona, sin necesidad de acreditar interés alguno o justificar su utilización, tendrá acceso gratuito a la información pública, a sus datos personales o a la rectificación de estos. (adicionado mediante decreto publicado en el diario oficial de la federación el 20 de julio de 2007.) Iv. Se establecerán mecanismos de acceso a la información y procedimientos de revisión expeditos. Estos procedimientos se sustanciaran ante órganos u organismos especializados e imparciales, y con autonomía operativa, de gestión y de decisión. (adicionado mediante decreto publicado en el diario oficial de la federación el 20 de julio de 2007.) V. Los sujetos obligados deberán preservar sus documentos en archivos administrativos actualizados y publicaran a través de los medios electrónicos disponibles, la información completa y actualizada sobre sus indicadores de gestión y el ejercicio de los recursos públicos.(adicionado mediante decreto publicado en el diario oficial de la federación el 20 de julio de 2007.) Vi. Las leyes determinaran la manera en que los sujetos obligados deberán hacer pública la información relativa a los recursos públicos que entreguen a personas físicas o morales. (adicionado mediante decreto publicado en el diario oficial de la federación el 20 de julio de 2007.) Vii. La inobservancia a las disposiciones en materia de acceso a la información pública será sancionada en los términos que dispongan las leyes. (adicionado mediante decreto publicado en el diario oficial de la federación el 20 de julio de 2007.)

libertad de prensa[28] y los límites establecidos por el respecto a la vida privada (art.7) y el Derecho a la Intimidad de los niños (art 4.), y el Derecho a la Protección de Datos existente doctrinal y legislativamente en el art. 16[29].

Una última reflexión sobre el impacto de las Nuevas Tecnologías de la Información en la configuración de la Intimidad, de la Privacidad y de la Protección de Datos Personales. Si por un lado, las TIC's han reducido las dimensiones del mundo actual a una *"aldea global"*[30], intercomunicada a través de las denominadas autopistas de la información[31], por otro lado han

---

[28] ARTICULO 7o.- es inviolable la libertad de escribir y publicar escritos sobre cualquiera materia. Ninguna ley ni autoridad puede establecer la previa censura, ni exigir fianza a los autores o impresores, ni coartar la libertad de imprenta, que no tiene más límites que el respeto a la vida privada, a la moral y a la paz pública. En ningún caso podrá secuestrarse la imprenta como instrumento del delito.

Las leyes orgánicas dictaran cuantas disposiciones sean necesarias para evitar que so pretexto de las denuncias por delitos de prensa, sean encarcelados los expendedores, "papeleros", operarios y demás empleados del establecimiento donde haya salido el escrito denunciado, a menos que se demuestre previamente la responsabilidad de aquellos.

[29] Fuente: http://info4.juridicas.unam.mx/ijure/fed/9/17.htm?s=

ARTICULO 16. Nadie puede ser molestado en su persona, familia, domicilio, papeles o posesiones, sino en virtud de mandamiento escrito de la autoridad competente, que funde y motive la causa legal del procedimiento. (reformado en su integridad mediante decreto publicado en el diario oficial de la federación el 18 de junio de 2008) Toda persona tiene derecho a la protección de sus datos personales, al acceso, rectificación y cancelación de los mismos, así como a manifestar su oposición, en los términos que fije la ley, la cual establecerá los supuestos de excepción a los principios que rijan el tratamiento de datos, por razones de seguridad nacional, disposiciones de orden público, seguridad y salud públicas o para proteger los derechos de terceros. (adicionado mediante decreto publicado en el diario oficial de la federación el 1 de junio de 2009)

[30] Véase MACLUHAN,MARSHALL: *La aldea global,*Gedisa,1996

[31] La existencia de una "aldea global con acceso universal a través de las autopistas de la información es un concepto que ha generado entre otras críticas, una que se extiende a la aplicación de las nuevas TIC en todos sus ámbitos, no sólo en el de orden sociológico y político. Se trata de la segmentación entre los "conectados" y los "desconectados" a las redes que señala la imposibilidad de acceso igualitario a las tecnologías de la información y la comunicación, especialmente Internet, así como la desigualdad en las condiciones sociales y culturales de base que hacen posible la participación. En un porvenir, mejor dicho en el presente, aquellos que carecen de un acceso a la red quedan marginados y en ese contexto,

alterado las delimitaciones de la Intimidad. Ésta se ha convertido en un valor de mercado y la frase -ya clásica- *"la información es poder"* ha dejado de ser un mero eslogan para pasar a ser una realidad incuestionable.

Toda revolución tecnológica lleva consigo una reorganización económica, política y social. Las posibilidades de almacenamiento, tratamiento y control de la información que ofrece el uso masivo de las TIC's en todas las esferas de nuestro cotidiano[32] las convierten con frecuencia en un instrumento de presión y control social que amenaza la libertad del individuo[33].

Este peligro se hizo más evidente en el sector público, donde se concentra gran cantidad de información, en los años ochenta del siglo pasado

excluidos de la vida política, de los circuitos económicos y de la información. Vid: RIFKIN, Jeremy: *El fin del Trabajo*. CASTELLS, Manuel: *La era de la información. Economía, sociedad y cultura, La sociedad red*, Vol. I, pp. 302-309; *Fin de milenio*, Vol. III, p. 380. ARTEAGA BOTELLO, *Nelson: Acceso y uso del Internet: entre la desigualdad y la polarización*, pp. 211-215.

[32] La bibliografía sobre este tema es abundante. Remitimos el lector para el estudio elaborado por el Comité de Expertos en Protección de Datos, publicado bajo los auspicios del Consejo de Europa en 1991, en el cual se ofrece un análisis general sobre las repercusiones del uso del identificador numérico universal y, por ende, de la creación de instrumentos de control de los ciudadanos.Algunos países han desarrollado previsiones que articulan un conjunto de garantías que impiden la aparición de un NIP multifuncional. Es el caso de Portugal que sí bien implantó un identificador fiscal, a partir de la reforma del 1991, suprimió en los impresos tributarios la casilla del número de identidad, con lo cual disminuye las posibilidades de cruce de información. Por otro lado, al contrario de lo que sucede en España y en otros países, el identificador fiscal no guarda similitud con el número de identidad nacional (cfr. MARTÍN PALLÍN, 1997: IVA).En su opuesto, desde 2004 México implementó la obligatoriedad del CURP (Clave Única de Registro Poblacional) que al aparecer obligatoriamente en todos los formatos e impresos (desde la inscripción en primaria), permite el cruce universal de información personal entre las diversas agencias gubernamentales y el seguimiento del ciudadano a lo largo de toda su vida.

[33] CERRILLO, Agustí: E-información: hacia una nueva regulación del acceso a la información. *IDP. Revista de Internet, Derecho y Política* [artículo en línea]. N. ° 1. UOC.2007 [Fecha de consulta: 21/06/07].http://www.uoc.edu/idp/1/dt/esp/cerrillo.pdf)

y se agudiza en el sector privado y en las redes sociales, en el siglo XXI. Deviene, así, imprescindible regular estrictamente el uso de las TIC's para evitar el peligro de la contaminación de las libertades *(liberties pollution)*, que es el contrapunto negativo que amenaza con invalidar los logros del proceso tecnológico[34].

Es debido precisar que en este libro, invoco dos expresiones: *"libertad informática*[35]*"* y *"Protección de Datos personales*[36]*"*, esto por una cuestión no sólo terminológica sino más allá. Preponderantemente en México se utiliza el concepto *"datos personales"* en consonancia con lo señalado en el marco legal nacional, no obstante, para efectos del presente estudio, donde sostengo que la Protección de Datos se desprende del derecho fundamental a la Intimidad. Por consecuencia, la terminología *"Intimidad informática"* sugiere una aproximación más concreta a la idea que aquí plasmamos.

---

[34] Para el tema *vid* DAVARA RODRÍGUEZ, M. A: *Manual de Derecho Informático*, Aranzadi, Pamplona, 2002.

[35] El objetivo primordial del derecho a la " libertad informática" o "autodeterminación informática" consiste en otorgar al ciudadano un haz de facultades que le permita decidir de los datos personales que puedan ser conocidos por otras personas y el uso que va hacerse de ellos. La creación de organismos independientes específicamente dedicados a estos fines, la obligación de inscribir en un registro público todos los ficheros que contengan datos personales o la necesidad de recabar el consentimiento del titular de los derechos, constituyen algunos de los pilares fundamentales de este derecho.

[36] Existe una tensión entre la eficacia administrativa y la protección de un derecho fundamental. El código universal (de base binaria) acelera la gestión administrativa, pero también genera serias repercusiones para la dignidad de la persona lo que conlleva la necesidad de la búsqueda de un equilibrio entre ambos factores (cfr. VALERO TORRIJOS,2001:pp 260 y 261)

CONSIDERACIONES CONCEPTUALES Y DELIMITACIÓN DEL CONCEPTO JURÍDICO DE LA INTIMIDAD INFORMATIVA

Teresa Maria Geraldes Da Cunha Lopes

y

Luis López Ramírez

CONSIDERACIONES CONCEPTUALES Y DELIMITACIÓN DEL CONCEPTO JURÍDICO DE LA INTIMIDAD INFORMATIVA

La informática jurídica[37] o *iusinformatica*, hace referencia al tratamiento lógico, con soportes, equipos y medios eléctricos y electrónicos de la información o datos generados por el hombre en el ámbito social y jurídico. La *iusinformatica*[38] es entonces, una parte especializada de carácter académico y sectorial de la informática general que día a día cobra capital importancia, porque a ella hay que referirse en la aplicabilidad de una coherente técnica legislativa con los nuevos fenómenos tecnológicos TIC y la informática tales; entre otros:

- En la regulación de los derechos[39] y obligaciones consecuentes de la creación, distribución, explotación y/o utilización del hardware y software, con su protección

- en los derechos de propiedad industrial o en los propiedad intelectual;

---

[37] LOPEZ MUÑIZ-GOÑI, Miguel. *Informática Jurídica Documental* .Ed. Díaz de Santos, Bilbao, 1984, pág. 39

[38] DAVARA RODRIGUEZ, Miguel A. *Manual De Derecho Informático.* Ed. Aranzadi S.A., Pamplona, 1997, págs. 25 a 41.

[39] En el ámbito punitivo español siguiendo las tesis alemanas de TIEDEMANN, se propone la tesis de creación del bien jurídico denominado de la información, siempre que sea tenida como bien con valor económico, para referirse a los llamados delitos informáticos. Vid. GUTIERREZ FRANCES, María Luz. *Delincuencia Económica E Informática En El Nuevo Código Penal.* En: Cuadernos de Derecho Judicial. Escuela Judicial. C.G.P.J. No. XI, Madrid, 1996. Además, *Notas Sobre La Delincuencia Informática: Atentados Contra La informacion Como Valor Económico De Empresa.* En: Estudios de Derecho Penal Económico. Editores: Luis Zapatero y Klaus Tiedemman. Ed. Univ. de Castilla-La Mancha. Tarancon (Cuenca). 1994, pág. 183 a 208.

- En la regulación de los derechos y obligaciones de los creadores, distribuidores y usuarios de bases de datos

- A la regulación del ejercicio, protección y garantía de los derechos y libertades fundamentales de la persona humana (el honor y la Intimidad personal y familiar de los ciudadanos y el pleno ejercicio de sus derechos[40]

- La regulación de los derechos estructurales del derecho de *Habeas Data* (acceso, actualización, rectificación y cancelación), posteriores a los derechos de notificación e información (derecho a conocer) que ostenta el titular de los datos que le conciernen en un sistema de tratamiento (recolección, almacenamiento, registro, conservación y circulación de datos) informatizado y aplicable al conjunto de derechos y libertades fundamentales previstos en la Constitución Política de los Estados Unidos Mexicanos y en la Constitución Portuguesa[41] .

---

[40] *DE DIENHEIM BARRIGUETE, C. M. –El Derecho a la Intimidad, al honor y a la propia imagen, En: Doctrina, pp. 59-65, IIJ/UNAM, consultado el 21 de noviembre 2009, en :* http://www.juridicas.unam.mx/publica/librev/rev/derhum/cont/57/pr/pr28.pdf

[41]Vide el art. 35 de la Constitución Portuguesa (que regula la Utilización de la Informática en el contexto del Título II, Cap. I.Direitos, Liberdades e garantias pessoais),   Por la ubicación formal y sistemática del citado artículo se deduce que tanto el derecho de Habeas Data como la limitación al uso de la informática se aplica al conjunto de derechos y libertades fundamentales. Citamos a continuación el texto normativo conforme a la reforma introducida al art. 35, según la LC Núm. 1/1982, pues el texto original de la Constitución de 1976 que constaba de tres numerales fue reformado, aunque el espíritu y gran parte del texto de aquella se mantuvo. La norma expresa (traducción personal)" *35-1. Todos los ciudadanos tendrán derecho a tener conocimiento de lo que consta en forma de registros informáticos que les conciernen y de la finalidad a la que se destinan esas informaciones (datos o registros), y podrá exigir, llegado el caso, la rectificación de los datos, así como su actualización. 35-2. Está prohibido el acceso de terceros a los ficheros (o banco de datos) con datos personales o a la respectiva interconexión de aquéllos, a través de los flujos transfronterizos, salvo en las casos exceptuados en la ley (Inciso nuevo). 35.3 La informática no podrá ser utilizada para el tratamiento de datos referentes a las convicciones filosóficas o políticas, a la filiación*

- En la regulación del derecho al olvido[42]

---

partidista o sindical, a la fe religiosa o la vida privada, salvo cuando se trata de procesamiento de datos no identificables"

[42] ¿Cual es el ámbito y alcance del "derecho al olvido"? La capacidad para acumular información de los buscadores que operan en la red de Internet (Google, Yahoo!, Firefox) puede llegar a ser muy agresiva con los derechos de la persona. Pero a la vez la red es una extraordinaria plataforma de información y expresión (los *blogs* y redes sociales como Facebook, MySpace) por la que circulan millones de datos de acceso universal, que objetivamente amplían el espectro informativo. Sin embargo, la acumulación de valoraciones y noticias que el motor de un buscador genera a través de millones de páginas *web* esparcidas en la red digital puede llegar a resultar, según los casos, una hipoteca para el honor o la intimidad. *Hay datos que son de interés público, pero otros pueden ser ya irrelevantes y causar daños a las personas.* Es evidente que una información de hace años contenida en la prensa escrita no puede ser excluida de las hemerotecas, pero también lo es que el acceso a su contenido es más difícil que el que ofrece la red digital. Ahora bien, en este contexto, ¿se puede borrar el pasado que aparece en la red?; ¿es lícito reclamar el derecho al olvido cuando algo molesta? La casuística es muy variada, pero parece razonable afirmar que -por ejemplo- no tienen la misma entidad informativa el caso de aquella persona que reclama que no sean tratados sus datos personales relativos a una infracción administrativa de tráfico o de impuestos, que aquel otro en el que la infracción de tráfico sea delito; o el que protagonice un periodista por un delito de injurias y después sea indultado por el Gobierno. La pretensión de borrar de la red estos datos es razonable en el primer caso, pero en absoluto lo es en los otros dos. La justificación jurídica se fundamenta en la veracidad y el interés público de la información que aparece en la red. Porque lo que fue de interés público en un momento determinado -la comisión de un delito- no puede desaparecer de la historia. De lo contrario estaríamos ante una falsedad. Resultaría paradójico que una información de interés público y obtenida con escrupuloso respeto al canon de la diligencia profesional se pueda consultar en la hemeroteca de la edición escrita de un diario y, por el contrario, haya de desaparecer de la edición digital. Claro que no hay que obviar que también el cúmulo de datos obtenidos sobre una persona a través de los buscadores supone un riesgo para su reputación e intimidad, al proporcionar una información a la que se accede carente del más mínimo interés general. Y que en el criterio de algunos buscadores de Internet prima más la morbosidad informativa que no otros factores más objetivos. Los instrumentos de defensa jurídica de la persona ante unos datos de su pasado que carecen de interés público pero que le pueden afectar en su trayectoria personal y profesional (por ejemplo, para acceder a un puesto de trabajo) se encuentran sobre todo en la acción de las agencias de protección de datos, como autoridades administrativas reguladoras de la llamada autodeterminación informativa ante el uso abusivo de la informática. Y, si cabe, finalmente, a través de los tribunales. Aunque esta última -y no es ninguna novedad- sea una vía lenta. A fin de proteger los derechos de la persona, la experiencia que cabe extraer en las diversas jurisdicciones europeas (véase el caso de España y de Francia, y el reciente proceso en Suiza contra Google earth) de las resoluciones de estas autoridades reguladoras pone de relieve la importancia que tiene el cumplimiento de algunos criterios adicionales a los ya apuntados de la veracidad y el interés público del dato. Por ejemplo, la necesidad de que los medios de comunicación ponderen la relevancia de publicar la identidad de las personas implicadas en una noticia, instando en su caso a difundir únicamente las iniciales. En especial, cuando una sentencia no es firme. Asimismo, la sugerencia de que las administraciones de las *webs (webmaster)* se doten de las adecuadas

Por la necesidad cada día mayor del derecho de regular materias del conocimiento humano, sobre todo las de índole tecnológico surgidas de la llamada informática, para que sean creadas, desarrolladas, protegidas, garantizadas y utilizadas conforme a un ordenamiento jurídico en vigor, es por lo que el profesor *HERNÁNDEZ GIL,* citado por *DAVARA,* al hablar de los problemas socio-culturales de la informática jurídica, estima que el derecho *strictu sensu* no va a ordenar nuevas realidades, sino que el Derecho mismo va a experimentar, en cuanto objeto de conocimiento, una mutación, derivada de un modo distinto de ser elaborado, tratado y conocido.

O sea, tal y como lo sostienen diversos autores, resulta insuficiente la estricta observación pasiva de los juristas por lo que sólo la *iusinformatica* puede, hoy en día, aportar al derecho, tras el advenimiento de las nuevas tecnologías TIC en unión con la informática, una respuesta operativa y eficiente, frente a los múltiples riesgos y problemas.

No obstante en la actualidad la Protección de Datos Personales, se ha venido desarrollando como un bien jurídico autónomo de la Intimidad y esto, sobre todo, por el desarrollo de la informática[43] y su influencia en el

---

medidas informáticas que permitan evitar la indexación de la noticia. Se trata de los *robots.txt,* unos archivos con capacidad técnica para ocultar determinadas páginas de una *web* a fin de impedir el acceso de los principales buscadores. Ello, sin perjuicio de las soluciones privadas que aportan incipientes iniciativas empresariales que ofrecen al cliente la protección *online* del historial de una persona, facilitando el borrado de lo que no le interese. Pero en la sociedad de la información no es fácil escapar al pasado aunque sea perfectamente legítimo pretenderlo. Por otra parte, la cultura de preservar lo pretérito es diversa, según las diferentes tradiciones culturales. La red es un campo abierto que no conoce fronteras estatales pero que está sometida a límites. Obviamente, Internet no puede quedar al margen de una cierta regulación. Por ello se hace preciso el establecimiento de un marco jurídico o estándar común que permita asegurar la intimidad y la reputación de las personas, pero asumiendo que el derecho al olvido no es absoluto y que lo que en su momento fue una información veraz y de interés público no puede hacerse desaparecer de la red.

[43] Ver para el caso específico de México la siguiente legislación y documentos de referencia:

almacenamiento de diversos datos que conciernen a la esfera privada de los
individuos.

Tal como otros países, México ha promulgado leyes de "libertad de
información". [44]Estas leyes están diseñadas para posibilitar a los individuos

---

**1.- Dictamen que presenta la Comisión de Administración Pública de la Asamblea
Legislativa del Distrito Federal por el que se crea la Ley de Protección de Datos
Personales del DF**
http://seguridad2008.politicadigital.com.mx/pdf/InfoDF.doc

**2.-Recomendaciones sobre medidas de seguridad aplicables a los sistemas de datos
personales**
http://www.ifai.org.mx/pdf/ciudadanos/cumplimiento
_normativo/datos_personales/Recomendaciones_SDP.pdf

3.-Lineamientos de Protección de Datos personales
http://www.ifai.org.mx/pdf/ciudadanos/cumplimiento
_normativo/datos_personales/lineamientos_protdaper.pdf

4.-Reforma al 6to. Constitucional
http://seguridad2008.politicadigital.com.mx/pdf/03eforma.pdf

**5.-Documento de trabajo para el intercambio de puntos de vista sobre los temas
relevantes derivados de la reforma al art. 6to. Constitucional**
http://www.ifai.org.mx/descargar.php?r=/pdf/temas_
transparencia/metrica/&a=13_02_08documentoTrabajo.pdf

**6.-Ley de Federal de Transparencia y Acceso a la Información Pública, puede ser
consultada en**
http://www.diputados.gob.mx/LeyesBiblio/pdf/244.pdf
http://www.diputados.gob.mx/LeyesBiblio/doc/244.doc

[44] La Ley Federal de Transparencia y Acceso a la Información Pública, del 2002(legislación
Federal) y Leyes Estatales (32 entidades federativas). Ley de Protección de Datos Personales,
Estado de Colima, 2003, Distrito Federal 2009, etc. Además, existen de forma dispersa en
documentos de diversa naturaleza, un conjunto de disposiciones en materia de Protección de
Datos :a)"Reglamento de la Ley Federal de Transparencia y Acceso a la Información Pública.;
b)"Lineamientos que deberán observar las dependencias y entidades de la Administración
Pública Federal en la recepción, procesamiento, trámite, resolución y notificación de las
solicitudes de corrección de datos personales que formulen los particulares.; c)"Lineamientos
que deberán observar las dependencias y entidades de la Administración Pública Federal en la
recepción, procesamiento y trámite de las solicitudes de acceso a la información
gubernamental que formulen los particulares, así como en su resolución y notificación, y la
entrega de la información en su caso, con exclusión de las solicitudes de acceso a datos
personales y su corrección.; d)"Lineamientos que deberán observar las dependencias y
entidades de la Administración Pública Federal en la recepción, procesamiento, trámite,
resolución y notificación de las solicitudes de acceso a datos personales que formulen los
particulares, con exclusión de las solicitudes de corrección de dichos datos.; e)"Lineamientos

el examen de la información pública y para que puedan obtener información sobre las acciones de sus gobiernos (niveles federal, estatal y local). Asimismo, deben equilibrar la apertura de la información pública con la protección de la información personal y confidencial que el Estado, en sus tres niveles, posee sobre los ciudadanos.[45] Sí bien, el derecho a la privacidad es un derecho fundamental (tal como lo veremos en la siguiente sección) en la Constitución mexicana[46], la dificultad se presenta cuando se trata de establecer una división entre lo que es información pública e información privada. La Suprema Corte de Justicia de la Nación (SJCN) estableció en una tesis jurisprudencial[47]que, "para determinar lo que es vida privada, se puede recurrir al método de exclusión y sostener que la vida privada es todo aquello que no constituya la vida pública". [48]

México ha extendido la protección del derecho a la privacidad hacía la información personal que la administración pública (el Estado) posee

---

que deberán observar las dependencias y entidades de la Administración Pública Federal para notificar al Instituto el listado de sus sistemas de datos personales.; f)"Lineamientos de Protección de Datos personales";

[45] ACUÑA LLAMAS, Francisco Javier : Dos caminos hacía la protección integral de los datos personales en México, in VILLANUEVA, Ernesto y LUNA PLA, Issa (eds.), Derecho de acceso a la información pública: valoraciones iníciales, México, UNAM,USAID,FKA, 2004

[46] Constitución Política de los Estados Unidos Mexicanos (en adelante Constitución Mexicana), art. 16. Véase, también, el art.7

[47]Citada por DADA ESCALANTE, Paola: "Información contra Privacidad", México entra a la era de la transparencia, México, Instituto de Acceso a la Información (IFAI), 2004,4

[48] Es una definición vaga y que contrasta con la interpretación que generalmente la Corte Suprema de EUA ha dado al concepto de "Privacy" en el cual incluyen las materias concernientes al cuerpo, a la familia y a las relaciones íntimas y personales del individuo. Ver. LAWRENCE V. TEXAS,539 U.S. 479,515 (1965); ROE V. WADE, 410 U.S. 113 (1973); MOORE V. CITY OF EAST CLEVELAND, 431 U.S. 494 (1977).

Las Cortes mexicanas tienden a interpretar la privacidad como aquellos asuntos que tienen a ver con materias personales, familiares y condiciones médicas. Ver la reciente decisión de la SCJN sobre el caso de los militares con IVH sobre sus gobernados. La Ley Federal de Transparencia y Acceso a la Información Pública (LFTAIPG)[49] garantiza a los mexicanos el derecho a acceder a la información pública, al mismo tiempo que establece excepciones y protecciones para la información personal. Sin embargo, comparada con el *state of the art* del Protección de Datos personales en EUA y con la normatividad europea, la información personal de los ciudadanos mexicanos está relativamente desprotegida[50]. La LFTAIPG no es lo

---

[49] La LFTAIPG ha sido sucedida por un movimiento de codificación estatal que abarca Jalisco, Oaxaca, Sinaloa, Baja California, Distrito Federal y Michoacán, entre otros Estados. La más reciente de estas iniciativas legislativas es la del Estado de Michoacán de Ocampo a respecto del Acceso a la Información Pública, que sin embargo ya es objeto de reformas. Con el propósito de actualizar los procedimientos y métodos para acceder a la información pública, estableciendo mecanismos, que en conjunto, sean sencillos, rápidos y flexibles que garanticen a la ciudadanía el ejercicio del Derecho a la Información, la Comisión legislativa de Gobernación analiza la iniciativa de decreto que reforma diversos artículos de la Ley de Acceso a la Información Pública del Estado de Michoacán de Ocampo. Dicha iniciativa presentada por la legisladora Ana Lucía Medina Galindo, somete a la consideración la contemplación dentro de la normatividad estatal, de formas distintas de petición como solicitudes de información de manera verbal o realizable a través de algún medio o sistema electrónico, ya que actualmente el cuerpo normativo se limita a la vía escrita como único medio para su acceso. Lo que arroja la indispensable necesidad de contemplar modalidades alternativas como: servicio de mensajería, sistema electrónico, unidades magnéticas, como opciones distintas a la señalada, que viene a facilitar la actividad de la entidad pública y del particular que solicita. Con lo anterior, se propone eliminar la presentación de una identificación oficial como parte de los requisitos para solicitar información ante la entidad pública, pues al contemplar las modalidades ante referidas, viene a ser éste, un impedimento sustancial al derecho de acceso a la información.

[50] Un ejemplo concreto de esta desprotección es la laguna referente a la protección de los datos genéticos o sea de la Intimidad genética. Sí bien la protección de los datos personales referentes a la condición médica del individuo están explícitamente definidos en la interpretación de la privacidad por las Cortes mexicanas y por las reformas introducidas en el 1997 a la Ley Federal de la Salud que reconocen el principio de la confidencialidad, no existen en el marco jurídico mexicano, con excepción de lo previsto en la Ley de Protección de Datos Personales del Estado libre y Soberano de Colima (art V. "Datos de carácter personal: los datos relativos a personas físicas o morales que de manera directa o indirecta puedan conectarse con una persona específica. Se incluyen a manera ilustrativa, datos representados en forma de texto, imágenes, datos biométricos como la huella digital, datos sobre el DNA de las personas o cualquier otro que corresponda intrínsecamente a una persona determinada;")disposiciones legales que regulen y protejan de forma específica y autónoma los datos genéticos. Tampoco existe un derecho fundamental que expresamente mencione la salvaguarda de los datos genéticos. No obstante, puede hacerse frente a estos retos mediante el empleo de la norma constitucional que consagra el Derecho a la Intimidad entendido como "principio" para así construir el Derecho a la Intimidad genética (art. 14 y art 16 constitucionales). Los datos genéticos en su condición de datos de carácter personal y en

concreto como datos sensibles, son merecedores de protección especial, plasmada sobre todo en la Ley Federal de Transparencia y Acceso a la Información Pública Gubernamental en los numerales 3, fracciones II, V y VI, 4, fracción III, 13, fracción IV y 18, fracciones I y II.

> Artículo 3o. Para los efectos de esta Ley se entenderá por... II. Datos personales: La información concerniente a una persona física, identificada o identificable, entre otra, la relativa a su origen étnico o racial, o que esté referida a las características físicas, morales o emocionales, a su vida afectiva y familiar, domicilio, número telefónico, patrimonio, ideología y opiniones políticas, creencias o convicciones religiosas o filosóficas, los estados de salud físicos o mentales, las preferencias sexuales, u otras análogas que afecten su Intimidad... V. Información: La contenida en los documentos que los sujetos obligados generen, obtengan, adquieran, transformen o conserven por cualquier título... VI. Información reservada: Aquella información que se encuentra temporalmente sujeta a alguna de las excepciones previstas en los artículos 13 y 14 de esta Ley.

> Artículo 4o. Son objetivos de esta Ley... III. Garantizar la protección de los datos personales en posesión de los sujetos obligados.

> Artículo 13. Como información reservada podrá clasificarse aquella cuya difusión pueda... IV. Poner en riesgo la vida, la seguridad o la salud de cualquier persona.

> Artículo 18. Como información confidencial se considerará: I. La entregada con tal carácter por los particulares a los sujetos obligados, de conformidad con lo establecido en el artículo 19 y... II. Los datos personales que requieran el consentimiento de los individuos para su difusión, distribución o comercialización en los términos de esta Ley.

A su vez la privacidad genética se reafirma con múltiples disposiciones legales, que aunque de manera expresa no regulan la obtención, recopilación, manejo y difusión de la información genética de un individuo, sí prevén ciertas situaciones en donde se puede llegar a transgredir la Intimidad —como regla general— y en especial la Intimidad genética, comprendida como datos relativos a la salud.

> —Reglamento de la Ley General de Salud en materia de Investigación para la Salud, "Artículo 13. En toda investigación en la que el ser humano sea sujeto de estudio, deberán prevalecer el criterio del respeto a su dignidad y la protección de sus derechos y bienestar".

> —Reglamento de Servicios Médicos del Instituto de Seguridad y Servicios Sociales de los Trabajadores del Estado,

Artículo 57. Para los efectos de este Reglamento se entenderá por... V. Expediente Clínico: El conjunto de documentos escritos, gráficos e imagen lógicos o de cualquier otra índole, en los cuales el personal de salud deberá hacer los registros, anotaciones y certificaciones correspondientes a su intervención con arreglo a las disposiciones sanitarias… Es de carácter legal, confidencial y propiedad del Instituto, la falta de su apertura o integración, así como su mal uso, serán motivo de la aplicación de las sanciones correspondientes.

suficientemente explícita sobre cómo protegerá los datos personales y la

---

Ley Reglamentaria del Artículo 5o. Constitucional, relativo al Ejercicio de las Profesiones en el Distrito Federal, "Artículo 36. Todo profesionista estará obligado a guardar estrictamente el secreto de los asuntos que le confieren sus clientes, salvo los informes que obligatoriamente establecen las leyes respectivas".

Código Civil para el Distrito Federal:

Artículo 1912. Cuando al ejercitar un derecho se cause daño a otro, hay obligación de indemnizarlo si se demuestra que el derecho se ejercitó a fin de causar el daño, sin utilidad para el titular del derecho... Artículo 1916. Por daño moral se entiende la afectación que una persona sufre en sus sentimientos, afectos, creencias, decoro, honor, reputación, vida privada, configuración y aspectos físicos, o bien en la consideración que de sí misma tienen los demás...

Código Penal para el Distrito Federal:

Artículo 213. Al que sin consentimiento de quien tenga derecho a otorgarlo y en perjuicio de alguien, revele un secreto o comunicación reservada, que por cualquier forma haya conocido o se le haya confiado, o lo emplee en provecho propio o ajeno, se le impondrán prisión de seis meses a dos años y de veinticinco a cien días multa. Si el agente conoció o recibió el secreto o comunicación reservada con motivo de su empleo, cargo, profesión, arte u oficio, o si el secreto fuere de carácter científico o tecnológico, la prisión se aumentará en una mitad y se le suspenderá de seis meses a tres años en el ejercicio de la profesión, arte u oficio. Cuando el agente sea servidor público, se le impondrá, además, destitución e inhabilitación de seis meses a tres años.

—Norma Oficial Mexicana NOM-168-SSA1-1998, relativa al Expediente Clínico. En sus punto 4.4 y 5.6:

4. Definiciones Para los efectos de este ordenamiento se entenderá por: 4.4. Expediente clínico, al conjunto de documentos escritos, gráficos e imagen lógicos o de cualquier otra índole, en los cuales el personal de salud deberá hacer los registros, anotaciones y certificaciones correspondientes a su intervención, con arreglo a las disposiciones sanitarias. 5. Generalidades: 5.6. En todos los establecimientos para la atención médica, la información contenida en el expediente clínico será manejada con discreción y confidencialidad, atendiendo a los principios científicos y éticos que orientan la práctica médica y sólo podrá ser dada a conocer a terceros mediante orden de la autoridad competente, o a CONAMED, para arbitraje médico.

Las garantías del Derecho a la Intimidad genética en el marco jurídico mexicano no son inexistentes, pero sí son insuficientes. Mediante la interpretación de la Constitución y la ley civil, se pueden establecer un régimen de sanciones a aquellos sujetos que violen la Intimidad genética de un individuo; administrativamente la garantía es parcial puesto que no se tienen definiciones claras y las lagunas del derecho son aún muchas, penalmente es urgente un reforzamiento de la cobertura del derecho como *ultima ratio*.

SCJN no ha subsanado esta laguna, extendiendo el sentido de estas protecciones a través de la interpretación jurisprudencial.

En el caso particular de México, resulta prioritario meditar si es necesario establecer la materia informática como una materia federal. Al estar constituido México como una República representativa, democrática, *federal,* en la que los Estados que la integran son libres y soberanos en cuanto a su régimen interior, si bien unidos por el pacto federal, encontramos que en la actualidad, los asuntos informáticos que inciden en el ámbito del Derecho Civil o Penal, pueden ser regulados por cada una de las Entidades Federativas a su libre y mejor parecer.

El Congreso Federal, constitucionalmente, tiene facultades exclusivas para legislar sobre: hidrocarburos, minería, industria cinematográfica, *comercio, juegos con apuestas y sorteos, intermediación y servicios financieros*, energía eléctrica y nuclear, derecho marítimo, ciudadanía, migración, *vías generales de comunicación, correos*, aguas, moneda, *delitos federales*, coordinación en materia de seguridad pública, fiscalización superior de la federación, leyes del trabajo reglamentarias del artículo 123 Constitucional, nacionalidad y extranjería, migración, salubridad , coordinación de la educación, *generación, difusión y aplicación de conocimientos científicos y tecnológicos*, entre otras.

A estas facultades exclusivas, la reciente reforma al 73 Constitucional otorga facultades al H. Congreso de la Federación para legislar en materia de Protección de Datos en posesión de particulares. Con efecto, el pasado 30 de Abril se publicó en el Diario Oficial de la Federación[51] el Decreto que establece la reforma al artículo 73 constitucional cuyo texto adiciona la fracción XXIX-O otorgándole facultades al Congreso

---

[51] D.O.F. 30/04/2009

Mexicano para legislar en materia de Protección de Datos en posesión de los particulares. Lo más peculiar de esta reforma es que el artículo segundo transitorio de ese Decreto obliga al propio Congreso de la Unión a expedir la ley en la materia en una plazo no mayor a 12 meses, contados a partir de la entrada en vigor del decreto, es decir antes del 30 de Abril de 2010.

El Decreto establece:

*"**Artículo Único.-** Se adiciona la fracción XXIX-O al artículo 73 de la Constitución Política de los Estados Unidos Mexicanos, para quedar como sigue:*
Artículo 73. El Congreso tiene facultad:
I. a XXIX-N. ...
XXIX-O. Para legislar en materia de Protección de Datos personales en posesión de particulares.
XXX. ..."

En nuestra opinión, dada la importancia, la trascendencia, el carácter global e internacional de la Internet, de las Tecnologías de Información y Comunicación y de las herramientas tecnológicas que pueden afectar las relaciones económicas y sociales, lo ideal u óptimo es que se eleve a nivel federal la materia informática, sea cual sea su ámbito de aplicación o la rama del Derecho en la que incida, la reforma de la Constitución Política de los Estados Unidos Mexicanos en su artículo 73 es un acto transcendental.

La publicación de este texto abrió un campo de batalla entre las empresas que manejan y procesan datos personales y los ciudadanos y otros sectores vulnerables. Además, esta reforma, tiene la posibilidad de habilitar un nuevo diálogo más abierto, concreto y organizado en el H. Congreso de la Federación, con la participación plena de representantes clave de todos los sectores de la sociedad Mexicana y no solamente con los representantes del sector bancario, empresarial y de la industria de las telecomunicaciones e Internet como son la AMIPCI y CANIETI que lo único que han logrado ha sido retrasar las iniciativas en materia de Protección de Datos desde hace más de siete años y velar únicamente por sus intereses económicos, sin tomar en cuenta los derechos del individuo a la tutela y protección de sus datos personales. Los datos personales representan un activo muy importante para las empresas sobre todo en la era del Internet, y, por tanto es necesario que se legisle adecuadamente en esta materia.

Valdría la pena que nuestros legisladores -tanto senadores como diputados y sus respectivas comisiones- empiecen a trabajar conjuntamente -sin la injerencia de los cabilderos en el Congreso- en un agenda muy específica, con temas y fechas límite para crear una ley independiente, moderna y con base en los principios internacionales aceptados y las mejores prácticas legislativas en la materia. Asimismo, consideramos que es el momento adecuado para que el proyecto de ley en el que se trabaje contenga disposiciones que:

- Establezcan un organismo independiente, autónomo y especializado en el control y supervisión de los datos personales en posesión de los particulares;
- Contengan mecanismos adecuados para la transferencia de datos personales a terceros países;
- Controlen y sancionen las practicas de mercadotecnia dirigida a los usuarios del internet y de redes sociales basadas en sus perfiles e información personal (online targeting behaviour);
- Establezcan obligaciones y sanciones para las empresas, sus filiales y empleados que hagan mal uso, comprometan o pierdan datos personales contenidos en bases de datos, servidores y sistemas personales de cómputo;

- Establezcan sanciones y multas por el mal uso de datos personales derivados de delitos cometidos a través de sistemas de cómputo e Internet;

- Establezcan un sistema expedito y eficaz para resolver controversias entre empresas e individuos, derivadas del mal uso o la pérdida de datos personales, independientemente de los recursos administrativos y judiciales.

Consideramos que la labor no es será fácil, partiendo del hecho de que ha habido más de ocho iniciativas de ley en el Congreso. Sin embargo, será muy interesante ver cómo se desarrolla durante todo un año el proceso de organización y la logística para discutir, crear y consensar una ley sobre Protección de Datos en el Congreso.

De lo anterior podemos observar que todo el comercio electrónico, contratos electrónicos mercantiles, fenómenos informáticos que afecten vías generales de comunicación, delitos informáticos regulados por el Código Penal Federal[52] (piratería, destrucción de información), los contenidos de

---

[52] El pasado 24 de Junio de 2009, la Secretaría de Gobernación publicó en el Diario Oficial de la Federación un Decreto por el que se adicionan diversas disposiciones al Código Penal Federal. El Decreto adiciona un párrafo tercero al artículo 211 bis 2 y un párrafo tercero al artículo 211 bis 3 que son los artículos relacionados al acceso ilícito a sistemas y equipos de informática que contiene el Título Noveno capítulo II del Código Penal Federal. Los dos nuevo párrafos de los Artículos 211 bis 2 y 211 bis 3 castigan la obtención, copia o utilización de información contenida en sistemas y equipos de cómputo e inclusive en medios de almacenamiento informáticos de seguridad pública con y sin la debida autorización, respectivamente con penas de cuatro a diez años de prisión y multas equivalentes de $27,400.00 a $54,800.00. Si el responsable fue un servidor público de una institución de seguridad pública, se le sancionará con la destitución e inhabilitación de su cargo de cuatro a diez años y con una mitad más de la pena impuesta por un plazo igual al de la pena resultante, respectivamente.

Los textos de la reforma quedaron redactados de la siguiente forma:

"Artículo 211 bis 2.-...

A quien sin autorización conozca, obtenga, copie o utilice información contenida en cualquier sistema, equipo o medio de almacenamiento informáticos de seguridad pública, protegido por

Internet que impliquen delito federal (pornografía, casinos), el correo electrónico (si legalmente se equiparara al correo convencional) constituyen materia federal y por tanto, son o deberán ser regulados por leyes federales.Sin embargo, los Estados pueden regular, en el ámbito de su competencia, las materias que no están expresamente reservadas a la Federación; por lo que en esta esfera entrarían los contratos civiles electrónicos, los delitos informáticos que incidan en el orden común, la admisión de documentos o medios electrónicos como prueba en los procesos penales o civiles, la protección a bases de datos privadas, la Protección de Datos personales y todo aquel asunto que no toque materia federal.

---

algún medio de seguridad, se le impondrá pena de cuatro a diez años de prisión y multa de quinientos a mil días de salario mínimo general vigente en el Distrito Federal. Si el responsable es o hubiera sido servidor público en una institución de seguridad pública, se impondrá además, destitución e inhabilitación de cuatro a diez años para desempeñarse en otro empleo, puesto, cargo o comisión pública."

"Artículo 211 bis 3.-

A quien estando autorizado para acceder a sistemas, equipos o medios de almacenamiento informáticos en materia de seguridad pública, indebidamente obtenga, copie o utilice información que contengan, se le impondrá pena de cuatro a diez años de prisión y multa de quinientos a mil días de salario mínimo general vigente en el Distrito Federal. Si el responsable es o hubiera sido servidor público en una institución de seguridad pública, se impondrá además, hasta una mitad más de la pena impuesta, destitución e inhabilitación por un plazo igual al de la pena resultante para desempeñarse en otro empleo, puesto, cargo o comisión pública."

EL RECONOCIMIENTO CONSTITUCIONAL DEL DERECHO A LA PROTECCIÓN DE DATOS PERSONALES

Teresa Maria Geraldes Da Cunha Lopes

EL RECONOCIMIENTO CONSTITUCIONAL DEL DERECHO A LA PROTECCIÓN DE DATOS PERSONALES

El artículo 16º. de la Constitución de los Estados Unidos Mexicanos

"Nadie puede ser molestado en su persona, familia, domicilio, papeles o posesiones, sino en virtud de mandamiento escrito de la autoridad competente, que funde y motive la causa legal del procedimiento". Con tal enunciado comienza el texto del artículo 16 de la Constitución Política de los Estados Unidos Mexicanos. Reinterpretando *contra sensu* tal declaración, se puede argumentar que solamente por medio de un mandato escrito y que suscriba una autoridad competente, es posible "molestar a una persona" siempre y cuando dicha autoridad funde y motive, legalmente, su proceder[53].

Primeramente es necesario apuntar que el sentido del artículo 16º, Constitucional es proteger a los individuos de cualquier perturbación que puedan sufrir, sin que exista de por medio, mandato legal alguno, es decir, excluir de todos aquellos que sin ser autoridades mandatadas, la posibilidad de molestar a un individuo. Ahora bien, esa molestia puede realizarse a través de diferentes actos entre los que se pueden encontrar atentados contra la Intimidad[54].

---

[54] Si bien tradicionalmente el primer párrafo del artículo 16 constitucional solamente se ha analizado desde la perspectiva de la legalidad de los actos de autoridad, la inviolabilidad del domicilio o de la protección de la libertad individual, en la actualidad tal artículo se puede interpretar plenamente en relación con todas las cuestiones inherentes a la persona, entre ellas, la Intimidad, específicamente la informática, y como consecuencia la protección de sus datos personales. Para mayor referencia *Cfr.* OVALLE FAVELA, JOSÉ: "Comentario al artículo

Sin embargo, aun cuando el artículo 16 protege los derechos de los ciudadanos a la privacidad de sus hogares. De la información y las comunicaciones, dejaba lagunas sobre la protección del concepto moderno de datos personales, razón por la cual[55]es de fundamental relevancia la adición de un segundo párrafo el 1 de junio del 2009:

"Artículo Único.- Se adiciona un segundo párrafo, recorriéndose los subsecuentes en su orden, al artículo 16 de la Constitución Política de los Estados Unidos Mexicanos, para quedar como sigue:

Artículo 16. Nadie puede ser molestado en su persona, familia, domicilio, papeles o posesiones, sino en virtud de mandamiento escrito de la autoridad competente, que funde y motive la causa legal del procedimiento. Toda persona tiene derecho a la protección de sus datos personales, al acceso, rectificación y cancelación de los mismos, así como a manifestar su oposición, en los términos que fije la ley, la cual establecerá los supuestos de excepción a los principios que rijan el tratamiento de datos, por razones de seguridad nacional, disposiciones de orden público, seguridad y salud públicas o para proteger los derechos de terceros. No podrá librarse orden

16" en *Derechos del pueblo mexicano. México a través de sus constituciones*, Tomo III, sexta edición, Miguel Angel Porrúa Editor, México, 2003, p. 163 y ss

[55] D.O.F.

DECRETO por el que se adiciona un segundo párrafo, recorriéndose los subsecuentes en su orden, al artículo

16 de la Constitución Política de los Estados Unidos Mexicanos.

1 de junio de 2009

(....)

de aprehensión sino por la autoridad judicial y sin que proceda denuncia o querella de un hecho que la ley señale como delito, sancionado con pena privativa de libertad y obren datos que establezcan que se ha cometido ese hecho y que exista la probabilidad de que el indiciado lo
cometió o participó en su comisión.".

Vale apuntar que el Derecho de Protección de Datos de carácter personal[56] se encuentra consagrado internacionalmente en el artículo 12 de la Declaración Universal de los Derechos Humanos de 1948, en el artículo 17 puntos 1 y 2 del Pacto Internacional de Derechos Civiles y Políticos de 1966; así como en el numeral 11 puntos 2 y 3 de la Convención Americana de Derechos Humanos de 1969, entre otros.

---

[56] Consideramos importante no perder de vista lo apuntado por el presidente del Tribunal Europeo de Derechos Humanos en el discurso de apertura de la XIII Conferencia de Comisarios de Protección de Datos: "aunque hablamos de Protección de Datos, de legislación de Protección de Datos y de Autoridades de Protección de Datos, no deben existir dudas respecto a la verdadera naturaleza del objetivo que motiva la creación de las normas de Protección de Datos o de las instituciones que garantizan el cumplimiento de las mismas. Su finalidad real no es tanto la Protección de Datos sino la protección de las personas: más precisamente aún, es la protección de la vida privada de las personas en una nueva era que impone la recogida y almacenamiento de más y más datos sobre sus vidas privadas y hace aumentar las posibilidades de manipulación y mal uso de tales datos." RYSDALL, R, Protección de Datos y el Convenio Europeo de los Derechos Humanos. Discurso de apertura de la XIII Conferencia de Comisarios de Protección de Datos, Novática, marzo de 1992, citado por CAMPUZANO TOMÉ, Herminia: Vida Privada y Datos Personales, su protección frente a la sociedad de la información, Tecnos, Madrid, España, 2000. p. 56

LA LEY FEDERAL DE TRANSPARENCIA Y ACCESO A LA INFORMACIÓN PÚBLICA GUBERNAMENTAL (LFTAIPG)

Teresa Maria Geraldes Da Cunha Lopes

LA LEY FEDERAL DE TRANSPARENCIA Y ACCESO A LA INFORMACIÓN PÚBLICA GUBERNAMENTAL[57] (LFTAIPG)

Esta Ley, sin ser la relativa a la Protección de Datos personales[58], ha recogido una serie de aspectos que si bien son básicos, dejan de lado aspectos torales de la Intimidad informática.

---

[57] En adelante LFTAIPG. Publicada en el Diario Oficial de la Federación del 12 de Junio de 2002.

[58] La comparación del actual contexto de la protección de los datos personales en México con la Unión Europea es extraordinariamente desfavorable al primero, ya que no existe una Ley Federal en la materia y que sólo el Estado de Colima posee un cuerpo legislativo coherente sobre la Protección de Datos personales En su contrario, desde la década de los años setenta los países de Europa aprobaron leyes sobre Protección de Datos, como consecuencia de las transformaciones introducidas por los desarrollos tecnológicos que se daban. En la década de los años ochenta fueron aprobados algunos acuerdos internacionales, especialmente directrices de la Organización para la Cooperación y el Desarrollo Económicos y el Convenio del Consejo de Europa, que es el Convenio para la Protección de las personas con relación al Tratamiento Automatizado de los Datos de Carácter Personal, abierto a la firma en Estrasburgo el 28 de enero de 1981. En la década de los noventa la Unión Europea (UE) dictó una Directiva cuyo propósito general era armonizar las legislaciones de los países de la Unión. Fue así como se aprobó la Directiva 95/46/CE del Parlamento Europeo y del Consejo, del 24 de octubre de 1995, publicada en el Diario oficial No. L, 281, del 23 de noviembre de 1995. La Directiva obliga a los Estados miembros a adaptar a ella sus leyes de privacidad y Protección de Datos personales y parte de la visión de que la privacidad es un derecho humano. El considerado 10 de la directiva indica: "Considerando que las legislaciones nacionales relativas al tratamiento de datos personales tienen por objeto garantizar el respeto de los derechos y libertades fundamentales, particularmente del derecho al respecto de la vida privada reconocido en el artículo 8 del Convenio Europeo para la protección de los Derechos Humanos y de las Libertades Fundamentales, así como los principios generales del derecho comunitario; que , por tanto, la aproximación de dichas legislaciones no debe conducir a una disminución de la protección que garantizan sino que, por el contrario, debe tener por objeto asegurar un alto nivel de protección dentro de la comunidad".Ya el numeral primero de la Convención Europea de Derechos Humanos partía de esta concepción, y aunque esa convención no ha sido incorporada oficialmente a la Unión Europea, la Corte de Justicia Europea la ha aplicado para reconocer distintas facetas del derecho a la vida privada. El artículo 8 del Convenio para la Protección de los Derechos del Hombre y las Libertades Fundamentales, firmado en Roma en 1950, establece que toda persona tiene derecho al respecto de su vida privada y familiar, de su domicilio y de su correspondencia, y no puede haber injerencia de la autonomía pública en el ejercicio de este derecho, excepto cuando esté prevista por la ley y constituya una medida necesaria para la seguridad nacional, la seguridad pública, el bienestar económico del país, la defensa del orden y la prevención de las infracciones penales, la protección de la salud o de la moral o la protección de los derechos y

las libertades de los demás, en una sociedad democrática. Tales limitaciones al derecho de la privacidad también ha sido reconocidas por la Corte Europea de Justicia y están presentes en la Directiva. Según la Directiva, los Estados miembros dispondrán que el tratamiento de los datos personales sólo puede efectuase si el interesado ha dado sus datos de forma inequívoca, o cuando es necesario para la ejecución de un contrato en el que el interesado sea parte o para la a aplicación de medidas precontractuales adoptadas a petición del interesado, o cuando es necesario para el cumplimiento de una obligación jurídica a la que este sujeto el responsable del tratamiento, o cuando es necesario para proteger el interés vital del interesado, o cuando resulte necesario por un interés público o para la satisfacción de un interés legítimo del responsable del tratamiento o de terceros a los que se comunique los datos cuando no se perjudique los derechos fundamentales del interesado. Es decir, la licitud para el tratamiento de datos personales sólo es posible si el interesado ha dado su consentimiento o nos encontramos frente a las excepciones previstas en la misma norma. (artículo 7 de la Directiva). Por otra parte, hay que destacar que el numeral 10 establece obligaciones para el responsable del tratamiento o su representante cuando se obtenga datos, en cuyo caso los Estados miembros deben disponer que el responsable del tratamiento o su representante deberán comunicar a la persona de quien se recaben lo los datos que le conciernan, por lo menos la información siguiente: la identidad del responsable del tratamiento y, en su caso, de su representante; los fines del tratamiento de que van a ser objeto los datos; cualquier otra información, tal como: i) los destinatarios o las categorías de destinatarios de los datos; ii) el carácter obligatorio o no de la respuesta y las consecuencias que tendría para la persona interesada una negativa al responder; iii)la existencia de derechos de acceso y rectificación de los datos que la conciernen, en la medida en que, habida cuenta las circunstancias específicas en que se obtengan los datos, dicha información suplementaria resulte necesaria para garantizar un tratamiento de datos leal respecto del interesado. Distinto es el caso en que los datos no hayan sido recabados del propio interesado, pues aunque la Directiva enuncia los mismos requisitos ya enunciados las obligaciones rigen desde el momento del registro de los datos o, en caso de que se piense comunicar datos a un tercero, a más tardar, en el momento de la primera comunicación de estos datos. La Directiva también garantiza el derecho de acceso. Los Estados miembros deben garantizar a todos los interesados el derecho de obtener del responsable del tratamiento, libremente, sin restricciones y con una periodicidad razonable y sin retrasos ni gastos excesivos: i) la confirmación de la existencia o la inexistencia del tratamiento de los datos que le conciernen, así como información por lo menos de los fines de dichos tratamientos, las categorías de los datos a que se refieran y los destinatarios a quienes se comuniquen dichos datos; ii) la comunicación, en forma inteligible, de los datos objeto de los tratamientos, así como toda la información disponible sobre el origen de los datos; iii) el conocimiento de la lógica utilizada en los tratamientos automatizados de los datos referidos al interesado, al menos en el caso de las decisiones automatizadas al que se refiere el apartado. 1 del artículo 15 de la Directiva. También el interesado podrá obtener la rectificación, la supresión, o el bloqueo de los datos cuyo tratamiento no se ajuste a las disposiciones de la Directiva, en particular a causa del carácter incompleto de los datos y la notificación de los terceros a quienes se hayan comunicado los datos de toda rectificación o bloque efectuado de conformidad con lo dispuesto en el párrafo anterior, si no resulta imposible o supone un esfuerzo desproporcionado. Ahora bien, tales derechos y obligaciones no son absolutos. El artículo 13 prevé la posibilidad de que los Estados miembros adopten medidas legales para limitarlos y para limitar todos los derechos contemplados en los numerales 6 apartado 1, 10 y 11, 12 y 21, referentes a los principios generales, a la información en caso de obtención de datos recabados del propio interesado, al derecho de acceso y a la publicidad de los tratamientos. De acuerdo con el numeral 13, las limitaciones pueden ser establecidas cando sea necesario para garantizar la seguridad de Estado; la defensa, la seguridad pública, la prevención, la investigación, la detección y la represión de infracciones penales o de las

En su origen la LFTAIPG aparece como un instrumento necesario para incrementar la confianza de los ciudadanos mexicanos después de un largo período de secretismo y de corrupción[59] bajo el reinado priista (PRI) de 1929 al 2000 y no como una legislación protectora de los derechos fundamentales a la privacidad, a la Intimidad y a la autodeterminación informática.

Al romper, en la elección presidencial [60]del 2000 con el monopolio partidista del PRI, México ha optado por la construcción de una sociedad democrática plural cuyo uno de los pilares fundamentales es la rendición de cuentas y la transparencia gubernamental.

En este sentido, los objetivos de la LFTAIG incluyen dotar la administración pública de transparencia, otorgar a los ciudadanos la facultad de solicitar información pública a los poderes Ejecutivo, Legislativo y

---

infracciones de la deontología en las profesiones reglamentadas, un interés económico y financiero importante de un Estado miembro o de la UE, incluidos los asuntos monetarios, presupuestarios y fiscales, una función de control, de inspección o reglamentaria relacionada con el ejercicio de la autoridad pública en los casos de seguridad pública, prevención, investigación detección y represión penal y profesional, y en el caso de los intereses económicos y financieros ya aludidos; la protección del interesado o de los derechos y libertades de otras personas. También los Estados pueden limitar el derecho de acceso por medio de ley, cuando se trata de fines de investigación científica durante un periodo que no supere el tiempo necesario para la elaboración de estadísticas. Por otra parte, la Unión Europea aprobó una directiva relativa a la Protección de Datos en el sector de las telecomunicaciones.El Parlamento europeo elaboró la Carta Europea de Derechos Humanos que incluye un nuevo artículo relativo a la Protección de Datos, confirmando que este es un derecho humano. También en diciembre del 2000 fue aprobado en Niza por todos los miembros de la UE el rango de derecho humano de la Protección de Datos, por destacar algunos de los principales pronunciamientos.

[59] CEVALLOS, Diego: *Mexico: Transparency Law- A vaccine against corruption*, 2003 WL 6915685, June 12, 2003,80

[60] Vicente FOX fue el primer presidente mexicano en setenta años que no viene del aparato del PRI (Partido de la Revolución Institucional)

Judicial Federales[61] y de contribuir a la democratización de la sociedad mexicana y a la instauración de un estado de derecho.

El Capítulo IV de tal ordenamiento sostiene una serie de obligaciones para el sector público entre las que destacan en su artículo 20:

"I. Adoptar los procedimientos adecuados para recibir y responder las solicitudes de acceso y corrección de datos, así como capacitar a los servidores públicos y dar a conocer información sobre sus políticas en relación con la protección de tales datos, de conformidad con los lineamientos que al respecto establezca el Instituto o las instancias equivalentes previstas en el Artículo 61;

II. Tratar datos personales sólo cuando éstos sean adecuados, pertinentes y no excesivos en relación con los propósitos para los cuales se hayan obtenido;

III. Poner a disposición de los individuos, a partir del momento en el cual se recaben datos personales, el documento en el que se establezcan los propósitos para su tratamiento, en términos de los lineamientos que establezca el Instituto o la instancia equivalente a que se refiere el Artículo 61;

IV. Procurar que los datos personales sean exactos y actualizados;

V. Sustituir, rectificar o completar, de oficio, los datos personales que fueren inexactos, ya sea total o parcialmente, o incompletos, en el momento en que tengan conocimiento de esta situación, y

---

[61] LFTAIG, el art. 3°., fracción XIV, define a los sujetos obligados:"A)El Poder Ejecutivo Federal, la Administración pública federal y la Procuraduría General de la República B) el Poder Legislativo federal integrado por la Cámara de Diputados, la Cámara de Senadores, la Comisión Permanente y cualquiera de sus órganos C) el Poder Judicial de la Federación y el Consejo de la Judicatura Federal D)los órganos constitucionales autónomos E) los Tribunales Administrativos federales, y F)cualquier órgano federal"

VI. Adoptar las medidas necesarias que garanticen la seguridad de los datos personales y eviten su alteración, pérdida, transmisión y acceso no autorizado".

No debemos obviar que los abusos relativos al tratamiento de datos personales provienen esencialmente del sector privado, por lo que esta Ley, al regular exclusivamente[62], las obligaciones de los sujetos de derecho público, no alcanza a prevenir las lesiones que pueda sufrir un individuo en su esfera personal por parte de este sector privado[63].

De acuerdo con lo señalado en este artículo se pueden distinguir varios momentos. Un primer momento es aquél en donde un individuo autoriza a una institución pública, a recopilar sus datos para un uso lícito. Una segunda parte es la utilización y los fines de esa recopilación de datos. Un tercer momento consiste en la incorporación de los datos en un archivo o una base de datos. Cuarto la disposición de esos datos y el control que sobre ellos ejerce el recopilador, incluyendo la autodeterminación informativa que el titular de los mismos puede ejercer.

Es precisamente en esta última etapa donde se concentra la atención de nuestro estudio. Aunado a esa momento personalísimo en que un sujeto decide sacar de su esfera íntima ciertos datos con características especiales que permiten denominarlos "datos personales[64]". Esos datos contienes rasgos

---

[62] La ley protege exclusivamente la información personal que el gobierno posee acerca de sus ciudadanos , estableciendo que sólo el titular de la misma la puede solicitar (LFTAIPG, art. 24)

[63] Es una excepción la Ley de Protección de Datos Personales del Estado Libre y Soberano de Colima que establece en el Artículo 2°.-"La presente Ley será aplicable a los datos de carácter personal que sean registrados en cualquier soporte físico que permita su tratamiento, tanto por parte del sector público como privado dentro del Estado."

[64] La LFTAIPG, en el artículo 3°., fracción II define los datos personales como "La información concerniente a una persona física, identificada o identificable, entre otra, la relativa a su origen étnico o racial, o que está referida a las características físicas, morales o emocionales, a su vida afectiva y familiar, domicilio, número telefónico, patrimonio, ideología

distintivos que sólo conciernen a ese individuo y que lo hacen único. Tal como lo explica el propio IFAI: "Entonces, la protección se realiza sobre el dato, de manera que éste no pueda ser tratado o elaborado, y convertido en información, nada más que para aquellos fines y por aquellas personas autorizadas para ello. Esta necesaria protección es un límite a la utilización de la informática ante el temor de que pueda agredir la Intimidad o privacidad de los ciudadanos, personal, familiar o socialmente, y que pueda coartar el ejercicio de sus derechos.[65].

Además, la LFTAIPG protege la información gubernamental clasificada como confidencial[66] y reservada. La información es reservada cuando puede poner en riesgo la seguridad nacional, deteriorar las relaciones internacionales, dañar la estabilidad económica nacional, arriesgar la vida, salud y seguridad de cualquier persona o cuando pudiera afectar seriamente la aplicación de la Ley[67].La información reservada comprende: secretos fiscales o comerciales protegidos por disposiciones legales, archivos judiciales de un proceso inconcluso y juicios de responsabilidad que se encuentren en trámite[68].

---

y opiniones políticas, creencias o convicciones religiosas o filosóficas, los estados de salud, físicos o mentales, las preferencias sexuales, u otras análogas que afecten la Intimidad""

[65] Instituto Federal de Acceso a la Información Pública. *"Estudio Sobre Protección de Datos a Nivel Internacional"*, IFAI, 2004, p. 7.

[66] LFTAIPG, art. 18: "Como información confidencial se considerara: I. La entregada con tal carácter por los particulares a los sujetos obligados, de conformidad con lo establecido en el artículo 19, I y II. Los datos que requieren el consentimiento de los individuos para su difusión, distribución o comercialización en los términos de esta Ley. No se considerará confidencial la información que se halle en los registros públicos o en fuentes de acceso público"

[67] LFTAIPG, art. 13

[68] LFTAIPG, art. 14

Es importante señalar que la protección de estas categorías es limitada. La información reservada puede permanecer resguardada por un periodo máximo de doce años, al término del cual, o cuando las causas que justifican esta clasificación desaparecen, la información será revelada y estará disponible al público.[69]

La LFTAIPG presenta serias deficiencias en cuanto a la Protección de Datos personales. Mientras que establece la protección de los derechos individuales concernientes a la privacidad, Intimidad y acceso a la información personal, las excepciones previstas en el artículo 13 dejan esta información sensible y peligrosamente abierta a la indagación que, de verificarse, violaría el derecho a la privacidad.

En primer lugar, la LFTAIPG considera que la información contenida en registros públicos[70] no es confidencial. Sin embargo es omisa en la definición de *"registro público"*.[71] En segundo lugar, la Ley pone en riesgo la información personal al permitir la entrega de datos personales a terceras partes contratadas por el gobierno que necesitan dicha información para llevar a cabo los servicios contratados, sin imponer sanciones ni establecer

---

[69] LFTAIPG, art 15:" La información clasificada como reservada según los artículos 13 y 14, podrá permanecer con tal carácter hasta por un periodo de doce años. Esta información podrá ser desclasificada cuando se extingan las causas que dieron origen a su clasificación o cuando haya transcurrido el periodo de reserva. La disponibilidad de esa información será sin prejuicio de lo que, al respecto, establezcan otras leyes"

[70] Debido a la historia reciente de México, la cuestión de los datos personales de los registros públicos es extraordinariamente sensible en la opinión pública, ya que el Gobierno Federal vendió la información confidencial de millones de individuos contenida en el Registro Federal de Electores, el listado de licencias de manejo y el Registro Nacional de Vehículos a compañías norteamericanas como Choice Point. Vid AVELEYRA, Antonio: "The Communication of Personal Data Messages in Mexico.Predictable State of the Art: Public Administration, Private Developments and Legislative Efforts 2003-2004", Comparative Media Law Journal, México, number 4, July-December 2004, p.13

[71] Existe una contradicción entre la promesa de proteger los datos personales tal como nombre, dirección y número telefónico y la apertura total de acceso a los registros públicos, ya que estos contienen los datos arriba mencionados.

consecuencias negativas algunas en caso de que se entreguen indebidamente datos individuales. Con base a lo anterior, pensamos que la LFTAIPG no protege los datos personales de manera adecuada y que es urgente que el H. Congreso de la Federación retome los trabajos sobre las iniciativas legislativas en el ámbito de la Protección de Datos.

EL DECRETO SOBRE LA FIRMA ELECTRÓNICA

Luis López Ramírez

EL DECRETO SOBRE LA FIRMA ELECTRÓNICA

La firma electrónica[72] es aquella que un firmante coloca en forma digital sobre unos datos, añadiéndola o asociándola lógicamente a los mismos, y la utiliza para indicar su aprobación respecto del contenido de esos datos. En líneas generales, cumple los siguientes requisitos:

- Vinculada únicamente al firmante.
- Capaz de identificar al firmante.
- Creada utilizando un medio técnico que está bajo el control del firmante.
- Vinculada a los datos a los que se refiere.

Una clase particular de firma electrónica que permite ofrecer mayor seguridad a los usuarios es la firma digital asimétrica de clave pública. Este tipo de firmas consiste en un criptosistema basado en el uso de un par de claves asociadas: una clave privada que se mantiene en poder de su titular y una clave pública que se distribuye libremente para que sea conocida por cualquier persona.

Básicamente el procedimiento de la firma digital de clave asimétrica es el siguiente:

- El emisor de un mensaje lo cifra digitalmente utilizando su clave privada.
- El receptor del mensaje puede descifrarlo utilizando la clave pública del emisor.

---

[72] Véase REYES KRAFT, Alfredo. *Firma Electrónica*. Porrúa. 2004

Como la aplicación de criptografía asimétrica sobre la totalidad del mensaje es muy costosa, en los mensajes de gran extensión suele aplicarse sobre el mismo un algoritmo de resumen que transforma una secuencia de *bits* en uno menor, llamada función hash. Al aplicar esta función se obtiene un resumen del mensaje denominado huella digital, cuyas características principales son su irreversibilidad (a partir del *hash* no puede obtenerse el mensaje completo) y la imposibilidad de obtener un segundo mensaje que produzca el mismo resumen, de forma que cualquier cambio en el mensaje produciría un hash diferente.

Una vez aplicada la función *hash* al mensaje principal, el resumen resultante es cifrado con la clave privada del firmante y es enviado junto al mensaje original, de forma tal que el receptor, para comprobar que el mensaje ha sido firmado por el emisor, debe realizar dos operaciones: descifrar el *hash* aplicando la clave pública del emisor y aplicar la función *hash* sobre el mensaje completo obtenido. Si el *hash* recibido y descifrado y el *hash* obtenido coinciden, habrá verificado que el mensaje ha sido enviado por quien dijo haberlo hecho y que su contenido no ha sufrido alteraciones.

Estos sistemas de criptografía asimétrica permiten enviar mensajes confidenciales, proporcionando autenticidad, integridad y no repudio por parte del destinatario y, de acuerdo al estado del arte actual, alcanzan el nivel de seguridad necesario para poder asimilarlas a la firma escrita en papel.

Si bien hasta el momento la mayoría de las normas dictadas sobre la materia se basan en este tipo de firma, considero que el mejor criterio legislativo, no observable en el Decreto vigente en México, será el que adopte una posición abierta que permita el desarrollo de nuevas técnicas y no se limite a entronizar a este sistema en desmedro de mejores técnicas futuras.

En paralelo con el tema de la Firma Electrónica hay que hablar de la Certificación Digital y de las Autoridades Certificantes. La infraestructura de la firma electrónica y de la Firma Electrónica Avanzada o el sistema requieren de terceras partes confiables. A nivel internacional el referente obligatorio es la ley de Utah que otorga una importancia fundamental a las Autoridades Certificantes (*Certification Authorities*, "CAs"), definidas como las personas facultadas para emitir certificados Pueden ser personas físicas o empresas o instituciones públicas o privadas y deberán obtener una licencia de la *División of Corporations and Commercial Code*, en el caso del Estado de Utah, para funcionar como tales. Son las encargadas de mantener los registros directamente en línea (*on-line*) de claves públicas. Una compañía puede emitir certificados a sus empleados, una universidad a sus estudiantes, una ciudad a sus ciudadanos. Para evitar que se falsifiquen los certificados, la clave pública de la CA debe ser confiable: una CA debe publicar su clave pública o proporcionar un certificado de una autoridad mayor que atestigüe la validez de su clave. Esta solución da origen a diferentes niveles, estratos o jerarquías de CAs.

En México, el Sistema de Administración Tributaria[73] (SAT) desarrolló la estructura y la función de la firma electrónica a través de

---

[73] Ver www.sat.gob.mx. Es claro que la política fiscal planteada por la Secretaría de Hacienda y Crédito Público (SHCP), está apostando a las nuevas tecnologías para reducir el índice de evasión fiscal, aumentar la recaudación y agilizar el intercambio de información; muestra de ello es que para el próximo año, el SAT se prepara para el funcionamiento de la factura electrónica y la posibilidad de llevar la contabilidad a través de los sistemas digitales, utilizando en estos procesos la firma electrónica basada en criptografía asimétrica y el uso de la llave pública y privada.

Internet con el proyecto e-firm, mismo que fue puesto en operación en el año 2005; éste proporciona al usuario un certificado digital, con el cual los contribuyentes tienen la posibilidad de usar la tecnología electrónica para cumplir con sus obligaciones fiscales.

En el caso especifico del ordenamiento jurídico mexicano el Decreto sobre Firma Electrónica[74], del 29 de Agosto del 2003 reglamenta este campo y su aplicación está normada en el Reglamento Interno del SAT.

Sin embargo, hay que subrayar que a pesar de las reformas en los códigos civiles, procesales, de comercio, fiscal, prevalece una incertidumbre al omitir de las regulaciones una figura como la firma electrónica avanzada única para todas las operaciones, no sólo las tributarias. Hasta ahora, la firma electrónica avanzada es empleada por: la SHCP y por la Secretaría de la Función Pública para efectuar las declaraciones patrimoniales de los funcionarios de la Administración Pública Federal; por su parte los Registros Públicos de la Propiedad y del Comercio la operan con el propósito de que sus empleados capturen información en el programa de cómputo de gestión de registros públicos (SIGER); además, las dependencias de la Administración Pública y los notarios públicos y corredores públicos pueden emitir certificados de firmas electrónicas, principalmente de aquéllas empleadas en el extranjero.

---

[74] Ver Portal del Orden Jurídico Nacional y Portal del SAT

EL MARCO JURÍDICO DE PROTECCIÓN DE DATOS PERSONALES EN MANOS DE PARTICULARES

Teresa Maria Geraldes Da Cunha Lopes

EL MARCO JURÍDICO DE PROTECCIÓN DE DATOS PERSONALES EN MANOS DE PARTICULARES

Regulación de los Ficheros en manos de particulares

- ### Registro Nacional de Usuarios de Telefonía Móvil

El pasado 9 de Febrero de 2009, la Secretaría de Comunicaciones y Transportes publicó en el Diario Oficial de la Federación un *Decreto por el que se reforman y adicionan diversas disposiciones de la Ley Federal de Telecomunicaciones.*

Ese decreto, que entró formalmente en vigor el pasado 9 de Abril, crea un Registro Nacional de Usuarios de Telefonía Móvil cuyo objetivo es combatir los delitos de secuestro, extorsión y delincuencia organizada que se han venido dando últimamente en México. Este decreto establece como obligación a todos los concesionarios de redes públicas de telecomunicaciones de llevar un registro y control de usuarios de líneas de teléfonos móviles contratadas en las modalidades de plan tarifario y de prepago mediante la recopilación de una serie de datos personales como son el nombre, domicilio, nacionalidad, número telefónico, los datos contenidos en la credencial para votar y otros requisitos como son la comprobación del domicilio actual del usuario conforme a un comprobante e inclusive la toma e impresión de su huella dactilar, ya sea en tinta, o en forma electrónica o digital. Asimismo, la reforma prevé las siguientes obligaciones a cargo de las empresas de telefonía celular y móvil: (i) conservar las copias fotostáticas o en medios electrónicos de los documentos utilizados para llevar a cabo el registro y control y la reserva y protección de las bases de datos personales en donde se encuentre dicha información; (ii) conservar un registro y control de comunicaciones, tales como transmisión de voz, buzón vocal, conferencia, datos, reenvío o transferencia de llamadas o servicios de mensajería o multimedia, fecha, hora y duración de la comunicación, la ubicación geográfica de las líneas telefónicas; (iii) entregar dentro de las 72 horas, los datos al Procurador General de la República o Procuradores Generales de Justicia de las Entidades Federativas, cuando lleven a cabo investigaciones sobre delitos de extorsión, amenazas, secuestro, en cualquiera de sus modalidades o de algún delito grave o relacionado con la delincuencia organizada; (iv) bloquear de inmediato las líneas contratadas bajo cualquier modalidad, reportados por los clientes o usuarios como robados o extraviados, entre otras.

La fracción VI del artículo 71 de la Ley Federal de Telecomunicaciones establece multas y sanciones para los concesionarios de 10,000 a 100,000 salarios mínimos (Aproximadamente el equivalente a $548,000.00 a $5'480,000.00 pesos Mexicanos) por no cumplir con las obligaciones establecidas en las fracciones XI-XV del artículo 44.

Tenemos dudas realmente, de que ese registro de usuarios ayude a reducir drásticamente los delitos de extorsión telefónica y delincuencia organizada en el secuestro de personas. Más aún, es de preocupar la lista de datos personales que estarán en posesión de las empresas telefónicas, sus empleados y en sus respectivas bases de datos las cuales gozan de cierta libertad al no estar todavía reglamentadas por una ley específica en la materia. Asimismo, no deja de preocupar el hecho de que toda la información de los ciudadanos que cuenten con un teléfono móvil contenida en el registro estará disponible para las procuradurías federales y estatales cuando tengan que hacer investigaciones relacionadas con la comisión de delitos graves o en materia de delincuencia organizada.

Consideramos que el alcance de la reforma tendrá repercusiones futuras muy serias en materia de privacidad y Protección de Datos, sino se establecen salvaguardas y sobre todo los mecanismos de seguridad técnicos y jurídicos necesarios para proteger la información que estará en manos tanto de las empresas telefónicas como de las autoridades judiciales encargadas de perseguir delitos.

Vale la pena recordar el caso *Choice Point* de Abril de 2003 en donde la filial de esa empresa americana en México adquirió la base de datos del padrón electoral, y por ende, toda la información de los ciudadanos mexicanos. Este caso, que al día de hoy no ha sido todavía resuelto en los tribunales judiciales, representa un claro ejemplo y sobre todo una urgente necesidad de tener que regular los datos personales a través de una legislación y sobre todo establecer sanciones, castigos y multas más altas para las empresas que vendan o comprometan información personal de los mexicanos.

El Artículo 44 secciones IX- XV de la Ley Federal de Telecomunicaciones establece lo siguiente:

"Artículo 44. Los concesionarios de redes públicas de telecomunicaciones deberán:

I. a VIII.

IX. Abstenerse de establecer barreras contractuales, técnicas o de cualquier naturaleza a la conexión de cableados ubicados dentro del domicilio de un usuario con otros concesionarios de redes públicas;

X. Actuar sobre bases no discriminatorias al proporcionar información de carácter comercial, respecto de sus suscriptores, a filiales, subsidiarias o terceros;

XI. Llevar un registro y control separado de sus usuarios, tanto en la modalidad de líneas contratadas en plan tarifario, como en líneas de prepago, el cual contenga como mínimo los siguientes datos:

a) Número y modalidad de la línea telefónica;
b) Nombre completo, domicilio, nacionalidad, número correspondiente y demás datos contenidos en identificación oficial vigente con fotografía, así como comprobante de domicilio actualizado del usuario y toma de impresión de huella dactilar directamente en tinta y/o electrónicamente;
c) En caso de personas morales, además de los datos de los incisos a) y b), se deberá registrar la razón social de la empresa, cédula fiscal y copia del documento que acredite capacidad para contratar.Los concesionarios deberán conservar copias fotostáticas o en medios electrónicos de los documentos necesarios para dicho registro y control; así como mantener la reserva y protección de las bases de datos personales, las cuales no podrán ser usadas con fines diferentes a los señalados en las leyes;

XII. Conservar un registro y control de comunicaciones que se realicen desde cualquier tipo de línea que utilice numeración propia o arrendada, bajo cualquier modalidad, que permitan identificar con precisión los siguientes datos:

a) Tipo de comunicación (transmisión de voz, buzón vocal, conferencia, datos), servicios suplementarios (incluidos el reenvío o transferencia de llamada) o servicios de mensajería o multimedia empleados (incluidos los servicios de mensajes cortos, servicios multimedia y avanzados);
b) Datos necesarios para rastrear e identificar el origen y destino de las

comunicaciones de telefonía móvil: número de destino, modalidad de líneas con contrato o plan tarifario, como en la modalidad de líneas de prepago;

c) Datos necesarios para determinar la fecha, hora y duración de la comunicación, así como el servicio de mensajería o multimedia

d) Además de los datos anteriores, se deberá conservar la fecha y hora de la primera activación del servicio y la etiqueta de localización (identificador de celda) desde la que se haya activado el servicio;

e) La ubicación digital del posicionamiento geográfico de las líneas telefónicas,   y

f) La obligación de conservación de datos a que se refiere la presente fracción cesa a los doce meses, contados a partir de la fecha en que se haya producido la comunicación.

Los concesionarios tomarán las medidas técnicas necesarias respecto de los datos objeto de conservación, que garanticen su conservación, cuidado, protección, no manipulación o acceso ilícito, destrucción, alteración o cancelación, así como el personal autorizado para su manejo y control;

XIII. Entregar los datos conservados, al Procurador General de la República o Procuradores Generales de Justicia de las Entidades Federativas, cuando realicen funciones de investigación de los delitos de extorsión, amenazas, secuestro, en cualquiera de sus modalidades o de algún delito grave o relacionado con la delincuencia organizada, en sus respectivas competencias.Queda prohibida la utilización de los datos conservados para fines distintos a los previstos en el párrafo anterior, cualquier uso distinto será sancionado por las autoridades competentes en términos administrativos y penales que resulten.Los concesionarios están obligados a entregar la información dentro del plazo máximo de setenta y dos horas siguientes contados a partir de la notificación, siempre y cuando no exista otra disposición expresa de autoridad judicial.El Reglamento establecerá los procedimientos, mecanismos y medidas de seguridad que los concesionarios deberán adoptar para identificar al personal facultado para acceder a la información, así como las medidas técnicas y organizativas que impidan su manipulación o uso para fines distintos a los legalmente autorizados, su destrucción accidental o ilícita o su pérdida accidental, así como su almacenamiento, tratamiento, divulgación o acceso no autorizado;

XIV. Realizar el bloqueo inmediato de las líneas contratadas bajo cualquier modalidad, reportados por los clientes o usuarios como robados o extraviados; realizar la actualización respectiva en el registro de usuarios de telefonía; así como realizar la suspensión inmediata del servicio de telefonía para efectos de aseguramiento cuando así lo instruya la Comisión Federal de Telecomunicaciones, de conformidad con lo establecido en el Código Federal de Procedimientos Penales.En caso de que los usuarios vendan o cedan una línea de telefonía en cualquiera de sus modalidades de contratación, deberán dar aviso al concesionario, a efecto de que dicha línea sea bloqueada, en tanto sea registrado el nuevo usuario, conforme a la fracción XI del presente artículo, y

XV. Informar a los clientes o usuarios de servicios de telefonía en cualquiera de sus modalidades, previo a su venta, de la existencia y contenido del registro y su disponibilidad a los agentes facultados."

Business to Consumer (B2C)

La Protección de Datos personales en la modalidad Business to Consumer (B2C) se encuentra regulada en México por la *Ley Federal de Protección al Consumidor* (LFPC) y contempla la posibilidad de que los proveedores y consumidores puedan celebrar transacciones a través de medios electrónicos. La fracción I del artículo 76 bis de la LFPC impone la obligación a los proveedores de mantener la confidencialidad de la información y la prohibición de difundirla o transmitirla a otros proveedores, a menos que el consumidor lo haya autorizado por escrito o que exista un requerimiento de alguna autoridad.

Asimismo, la fracción II de este mismo artículo impone al proveedor la obligación de mantener segura y confidencial la información e informar al consumidor sobre las características generales de los elementos técnicos disponibles, antes de la celebración de una transacción. Adicionalmente, algunas disposiciones sobre privacidad se encuentran contempladas en otros ordenamientos jurídicos como son la Ley de Imprenta, la *Ley Federal del Derecho de Autor*, la *Ley del Instituto Nacional de Estadística, Geografía e Informática* y el *Código Penal Federal*, entre otros.

Reformas en Materia de Comunicaciones Privadas y Cooperación de ISP con las Autoridades Mexicanas para fines de obtención de Prueba

El 23 de Enero de 2009, la Secretaria de Gobernación publicó en el Diario Oficial de la Federación el Decreto por el que se reforman, adicionan y derogan diversas disposiciones del *Código Federal de Procedimientos Penales*, de la *Ley Federal contra la Delincuencia Organizada*, de la *Ley que Establece las Normas Mínimas sobre Readaptación Social de Sentenciados*, del *Código Penal Federal*, de la *Ley de la Policía Federal Preventiva*, de la *Ley Orgánica de la Procuraduría General de la República*, de la *Ley Federal de Responsabilidades Administrativas de los Servidores Públicos*, y de la *Ley Federal de Procedimiento Contencioso Administrativo*.

Este paquete de reformas judiciales incluyó una reforma al *Código Federal de Procedimientos Penales* que contiene un nuevo Capítulo VIII BIS que consta de los artículos 278 bis y 278 ter. El artículo 278 bis permite a los particulares ofrecer como prueba comunicaciones privadas en procedimientos penales, tales como video grabaciones o filmaciones cuando hayan sido obtenidas por alguna de las partes involucradas. Asimismo, dicho artículo contiene una párrafo que obliga a los concesionarios y permisionarios de telecomunicaciones y proveedores de acceso a Internet ISP's a colaborar con las autoridades mexicanas para la obtención de pruebas e información cuando se les solicite, estableciendo una pena de 15 a 200 jornadas de trabajo a favor de la comunidad en caso de omisión o desacato, de conformidad con el artículo 178 del Código Penal Federal.

El artículo quedo redactado de la siguiente forma:

"Artículo 278 bis. Las comunicaciones entre particulares podrán ser aportadas voluntariamente a la averiguación previa o al proceso penal, cuando hayan sido obtenidas directamente por alguno de los participantes en la misma.El tribunal recibirá las grabaciones o video filmaciones presentadas como prueba por las partes y las agregará al expediente.

Las comunicaciones que obtenga alguno de los participantes con el apoyo de la autoridad, también podrán ser aportadas a la averiguación o al proceso, siempre que conste de manera fehaciente la solicitud previa de apoyo del particular a la autoridad. De ser necesario, la prueba se perfeccionará con las testimoniales o periciales conducentes.En ningún caso el Ministerio Público o el juez admitirán comunicaciones que violen el deber de confidencialidad que establezca la ley, ni la autoridad prestará el apoyo a que se refiere el párrafo anterior cuando se viole dicho deber.No se viola el deber de confidencialidad cuando se cuente con el consentimiento expreso de la persona con quien se guarda dicho deber.Las empresas concesionarias y permisionarias del servicio de telecomunicaciones o de internet, estarán obligadas a colaborar con las autoridades para la obtención de dichas pruebas cuando así lo soliciten. Cualquier omisión o desacato a esta disposición será sancionada por la autoridad, en los términos del artículo 178 del Código Penal Federal.Carecen de todo valor las comunicaciones que sean obtenidas y aportadas en contravención a las disposiciones señaladas en este Código".

LAS INICIATIVAS LEGISLATIVAS

Teresa Maria Geraldes Da Cunha Lopes

LAS INICIATIVAS LEGISLATIVAS

La iniciativa de Decreto que expide la Ley Federal de Protección de Datos Personales (Diputado Miguel Barbosa Huerta)

Esta fue la primera iniciativa en relación con el tema de privacidad y Protección de Datos personales que se originó en la Cámara de Diputados del Congreso de la Unión y fue presentada en septiembre de 2001[75], por el diputado Miguel Barbosa Huerta del Grupo Parlamentario del Partido de la Revolución Democrática (PRD) ante la LVIII Legislatura y publicada en la Gaceta Parlamentaria al día siguiente. Está basada en gran medida en la Directiva 95/46 sobre Privacidad y Protección de Datos de la Unión Europea y la Ley Orgánica Española de Protección de Datos de Carácter Personal del 13 de Diciembre de 1999. Esta iniciativa turnada a la Comisión de Gobernación y Seguridad Pública, contiene una opinión de la Comisión de Comercio y Fomento Industrial de la Cámara de Diputados y actualmente se encuentra detenida.

---

[75] Los derechos que se establecen en favor del titular o afectado constituyen los elementos medulares de la parte general, y se configuran jurídicamente como derechos subjetivos encaminados a hacer operativos los principios genéricos. Son, por ejemplo, los derechos de autodeterminación, de rectificación y de cancelación los que otorgan virtualidad normativa y eficacia jurídica a los principios consagrados en la parte general, principios que, sin los derechos subjetivos aludidos, no rebasarían un contenido meramente programático.En concreto, los derechos de impugnación de valoraciones, de consulta, de acceso, de rectificación, de cancelación, de oposición y de indemnización que se definen y delimitan en el texto, constituyen las piezas centrales del sistema cautelar que se propone en el proyecto. Con el objeto de procurar la máxima eficacia de sus disposiciones, en la parte especial del proyecto se propone la creación del Registro Nacional de Protección de Datos, como el ente encargado de coadyuvar en el cumplimiento de la legislación sobre Protección de Datos y controlar su aplicación, en especial en lo relativo a los derechos de información, acceso, rectificación, oposición y cancelación de datos.

Propuesta de Ley Federal de Protección de Datos Personales (Iniciativa del Senador Antonio García Torres)

Presentada por el senador Antonio García Torres (Senador plurinominal del Estado de Michoacán) y aprobada en el Senado en abril de 2002 y publicada en la Gaceta Parlamentaria en septiembre del mismo año; posteriormente fue turnada para su respectivo dictamen a las Comisiones Unidas de Puntos Constitucionales y de Estudios Legislativos y subsecuentemente a la Cámara de Diputados. Esta iniciativa es la que tiene mayores probabilidades de ser aprobada y la que en los últimos meses ha causado polémica entre los diversos sectores de servicios de información. Sin embargo, esta iniciativa tiene un serio problema de inconstitucionalidad por haberse originado en el Senado.Está basada en la Directiva 95/746 sobre Privacidad y Protección de Datos de la Unión Europea; su contenido y ámbito de aplicación son poco claros y demasiado ambiguos en cuanto al registro de bases de datos, contiene reglas bastante estrictas para la transferencia de datos personales a terceros países y establece órganos de vigilancia en la esfera de la administración pública federal. Las leyes de información en la Unión Europea y México son similares en cuanto a sus objetivos fundamentales: transparentar sus gobiernos al escrutinio público mientras protegen los datos personales de sus ciudadanos. Sin embargo, la normatividad mexicana es ambigua e incompleta, ya que su protección a rango constitucional no se especifica y nos encontramos con la ausencia de una Ley Federal de Protección de Datos Personales.

Si bien la definición de datos personales que encontramos en la LFTAIPG es correcta[76], las excepciones, con anterioridad mencionadas, dejan, básicamente, todos los datos personales vulnerables a su publicación, debilidad que la SCJN, no ha podido corregir en la falta de casos concretos, lo que no ha permitido establecer una jurisprudencia sobre la materia.

Podemos afirmar, con base en lo anterior, que mientras la UE protege adecuadamente los datos personales y su flujo, mediante un esfuerzo conjunto en el cumplimiento de las Directivas europeas y de su encuadramiento en las normativas nacionales y de un esfuerzo interpretativo de sus Cortes, el gobierno mexicano no protege de manera suficiente los datos personales de los individuos y las cortes federales no han intervenido para proteger ese derecho a través de la interpretación judicial.

Otro punto en que la normatividad mexicana es omisa es en el de que no contiene ninguna disposición específica al uso de Internet. En concreto, no precisa los criterios que permiten determinar si, por lo que se refiere a las operaciones efectuadas a través de proveedores de servicios de alojamiento de páginas web, debe tomarse en consideración el lugar de establecimiento del proveedor, su domicilio profesional o bien el lugar en el que se encuentran los ordenadores que integran la infraestructura informática del proveedor. Ahora bien, la información que se publica en Internet puede ser consultada en cualquier momento por un número indeterminado de personas que residen en múltiples lugares. Según las modalidades de uso de Internet

---

[76] Y similar al concepto de «datos personales» que emplea el artículo 3, apartado 1, de la Directiva 95/46 comprende, con arreglo a la definición que figura en el artículo 2, letra a), de dicha Directiva *"toda información sobre una persona física identificada o identificable"*.

que se han popularizado entre los usuarios, el autor de una página destinada a ser publicada en Internet transmite los datos a su proveedor de servicios de alojamiento de páginas web. Éste gestiona la infraestructura informática necesaria para garantizar el almacenamiento de dichos datos y la conexión del servidor que aloja el sitio Internet. De este modo se permite la transmisión posterior de dichos datos a cualquier persona que esté conectada a Internet y los solicite. Los ordenadores que integran esta infraestructura informática pueden encontrarse en uno o varios países distintos de aquél en el que tiene el domicilio el proveedor de servicios de alojamiento de páginas web, sin que sus clientes tengan o puedan tener conocimiento de ello. Se coloca, entonces, el problema de la transferencia de datos personales a un país tercero. Precisamente, esta situación que también no estaba prevista por el ordenamiento europeo, fue analizada en la Sentencia del Tribunal de Justicia de 6 de noviembre de 2003 en el procedimiento penal entablado contra Bodil Lindqvist.[77]

Convendría entonces que a toda persona se le reconociera que tiene derecho a que se le informara de manera expresa y oportuna sobre la existencia de archivos, registros, bases o bancos de datos de carácter personal donde se conservaran sus datos personales. Además de la posibilidad de

---

[77] Sentencia del Tribunal de Justicia de 6 de noviembre de 2003. - Procedimiento penal entablado contra Bodil Lindqvist: "4) No existe una «transferencia a un país tercero de datos» en el sentido del artículo 25 de la Directiva 95/46 cuando una persona que se encuentra en un Estado miembro difunde datos personales en una página web, almacenada por una persona física o jurídica que gestiona el sitio Internet en el que se puede consultar la página web que tiene su domicilio en el mismo Estado o en otro Estado miembro, de modo que dichos datos resultan accesibles a cualquier persona que se conecte a Internet, incluidas aquellas que se encuentren en países terceros".

ejercer los derechos de acceso, rectificación y cancelación de los datos personales que le concernieran.

El Derecho a la Intimidad informática (Protección de Datos personales) es un derecho humano, autónomo en la actualidad, que salvaguarda los datos personales que se encuentran recopilados por los poderes públicos y los particulares, en diferentes tipos de soportes independientemente de su naturaleza.

Si bien en la actualidad con las tecnologías de la información y comunicación se dota a la sociedad de herramientas y mecanismos para ejercer el Derecho a la Información, es preciso delimitar el alcance del ejercicio del derecho de acceso a la información pública en beneficio de la Protección de Datos de índole personal.

El Gobierno mexicano tiene varias formas de mejorar las protecciones de los datos personales establecidas en la LFTAIPG y en dispersas y minoritarias legislaciones estatales.
Estas opciones incluyen:

1.-la creación de jurisprudencia por parte de la SCJN;

2.-permitir, a través de la creación de una acción o juicio de amparo que el individuo inicie un proceso legal contra el gobierno por la entrega de sus datos personales;

3.-reformar la LFTAIPG

5.- continuar con el movimiento legislativo federal y estatal en la materia.

Iniciativa de ley con Proyecto de Decreto por la que se expide la Ley de Protección de Datos Personales en Posesión de Particulares (Diputado Luis Parra Noriega)

El 7 de Octubre de 2008, el Diputado Luis Gustavo Parra Noriega, Diputado federal de la Sexagésima Legislatura del H. Congreso de la Unión de México sometió a consideración de la Asamblea Legislativa una iniciativa con proyecto de decreto por el que se crea la *"Ley de Protección de Datos Personales en Posesión de Particulares"*.

La iniciativa[78] contiene una larga y fundamentada exposición de motivos en la que señala que a efecto de dotar de facultades al Congreso de

---

[78]Dada la importancia de esta iniciativa se transcribe el texto integral de la misma:

" **Decreto**

Artículo Único. Se expide la Ley de Protección de Datos Personales en Posesión de Particulares, para quedar como sigue:

Ley de Protección de Datos Personales en Posesión de Particulares.

CAPÍTULO I
Disposiciones Generales

Artículo 1. Las disposiciones de esta ley son de orden público y de observancia general en el territorio nacional; tiene por objeto la protección de los datos personales contenidos en bases de datos en posesión de particulares, con la finalidad de garantizar el derecho al honor, imagen y vida privada de las personas.

Sus disposiciones serán aplicables para la protección de los datos de las personas morales, en lo que corresponda a su propia naturaleza.

La aplicación del presente ordenamiento en la esfera administrativa, corresponde a la Comisión Nacional de Protección de Datos Personales.

Artículo 2. Son sujetos obligados al cumplimiento de esta Ley, los particulares que sean titulares de bases de datos, con excepción de:

I. Las Sociedades de Información Crediticia que hayan sido autorizadas por la Secretaría de Hacienda y Crédito Público para operar con ese carácter, y

II. Las personas que lleven a cabo la recolección y almacenamiento de datos personales, que sea para uso exclusivamente personal, y sin fines de divulgación o utilización comercial.

Artículo 3. Para los efectos de esta Ley, se entenderá por:

I. Datos personales. La información concerniente a una persona identificada o identificable, y que para efectos de esta Ley, se divide en datos personales sensibles y datos personales de identificación.

II. Datos personales sensibles. La siguiente información concerniente a una persona:

a) Cualquiera que permita acceder o conocer balances o saldos de cuentas o estados financieros del titular, o en general datos relativos al conocimiento de claves o números de identificación personal de cuentas o tarjetas bancarias, de inversión, títulos u otros instrumentos de crédito; y

b) Cualquiera relacionada con aspectos genéticos, huella digital o medios de reconocimiento biométrico, así como con la condición médica o de salud, de origen racial o étnico, creencias religiosas, filosóficas y morales, afiliación sindical, opiniones políticas o preferencia sexual del titular.

III. Datos personales de identificación. La siguiente información concerniente a una persona:

a) Nombre completo, incluyendo el nombre propio y sus apellidos materno y paterno respectivamente, o cada uno de éstos por separado;

b) Domicilio completo o, a falta de éste, del lugar del centro principal de sus negocios, o en ausencia de éstos, del lugar donde simplemente resida;

c) Correo electrónico, aun cuando tuviere varios;

d) Número o números de teléfono o facsímile;

e) Claves o números de identificación de documentos oficiales, tales como de la cédula del Registro Federal de Contribuyentes, la cédula profesional, la credencial para votar, el pasaporte, la Clave Única del Registro de Población (CURP) o similares, y

f) Cualquier otra información que permita identificar a una persona, que no se trate de algún dato personal sensible

IV. Particular. Cualquier persona física o moral de derecho privado, o cualquier otra de naturaleza distinta a las de derecho público, que decida sobre la finalidad, uso y contenido de la base de datos;

VI. Comisión. La Comisión Nacional de Protección de Datos Personales;

VII. Ley. La Ley de Protección de Datos Personales en Posesión de Particulares.

VIII. Administrador. La persona que independientemente del vínculo laboral o profesional que la relacione con el particular, decide sobre la recolección, uso, divulgación o almacenamiento de datos personales.

IX. Bases de datos personales. El conjunto ordenado de datos personales referentes de una persona identificada o identificable;

X. Tratamiento: Cualquier operación o conjunto de operaciones, efectuadas mediante procedimientos automatizados o físicos, aplicada a datos personales, como la obtención, registro, organización, conservación, elaboración, modificación, extracción, consulta, utilización, comunicación por transmisión, difusión o cualquier otra forma, que facilite el acceso a los datos personales, su cotejo o interconexión, así como su cancelación;

XI. Titular de los datos. La persona sobre la cual versan o conciernen datos personales.

XII. Disociación: El procedimiento mediante el cual los datos personales no pueden asociarse al titular ni permitir, por su estructura, contenido o grado de desagregación, la identificación del mismo.

Artículo 4. No son datos personales sujetos a la protección de esta Ley:

I. El nombre, puesto, dirección o teléfonos de trabajo de un empleado en una organización o empresa; o

II. La información que es obtenida de forma lícita de registros públicos u otras fuentes legítimas, o cualquier otra información pública en términos de lo dispuesto en otras leyes.

Artículo 5. Los principios y derechos previstos en esta ley, tendrán como límite en cuanto a su observancia y ejercicio, la protección de la seguridad nacional, el orden, la seguridad y la salud públicos, así como los derechos de terceros.

CAPÍTULO II
De Los Principios Relativos a la Protección de Datos Personales.

Artículo 6. Los particulares en el tratamiento datos personales, deberán observar los principios de licitud, consentimiento, información, calidad, confidencialidad, derecho al olvido y seguridad, previstos en la Ley.

Artículo 7. La obtención de datos personales no puede hacerse por medios ilícitos, engañosos o fraudulentos. La creación de bases de datos personales debe tener un fin lícito y observar los principios previstos en la ley.

Es lícito el tratamiento de datos personales cuando el titular de los datos haya otorgado su consentimiento, y el objeto de la base de datos no es contrario a la ley.

Artículo 8. El particular deberá garantizar, en el tratamiento de datos personales, la expectativa razonable de privacidad, entendida como la confianza que deposita cualquier persona en un particular, respecto de que los datos personales proporcionados a éste último, no serán tratados para fines distintos a los del objeto de su recolección.

Artículo 9. Todo tratamiento de datos personales requiere del consentimiento de su titular. Ninguna persona está obligada a proporcionar sus datos personales sensibles. Únicamente podrán recabarse éstos, previo consentimiento expreso, informado y entendible del titular de los mismos.

No podrán crearse bases de datos que contengan información que directa o indirectamente difundan datos personales sensibles. Sin perjuicio de ello, las asociaciones religiosas, sindicatos, partidos políticos y asociaciones políticas, así como organizaciones de la sociedad civil que posean datos sensibles, podrán llevar un registro de sus miembros que sólo podrá hacerse público si los titulares de los datos así lo consienten de manera previa, expresa e informada.

Los establecimientos de salud privados, así como los profesionales vinculados a proporcionar servicios de salud, pueden recolectar y tratar datos personales relativos a la salud física o mental de los pacientes que acudan a los mismos o que estén en tratamiento de aquéllos; dicha información, podrá hacerse pública en las condiciones señaladas en el párrafo anterior.

Los datos personales sensibles, previo proceso de disociación, podrán difundirse para fines estadísticos exclusivamente, en términos de las disposiciones legales aplicables.

En el tratamiento de datos personales de identificación, el consentimiento del titular, podrá otorgarse de manera amplia con la finalidad de que éstos se puedan utilizar, para fines diversos a los del objeto de creación de la base de datos en la que pretendan incorporarse. En este caso, el particular deberá informarle al titular los fines para los que serán utilizados los datos personales, así como los medios a través de los cuales puede limitar o retirar su consentimiento en el tratamiento de sus datos personales.

No se requerirá el consentimiento del titular, cuando su tratamiento derive de una disposición legal, de una relación contractual o profesional del particular con el titular de los datos, o dichos datos se hayan recabado de fuentes de acceso público.

Artículo 10. La recolección y el tratamiento de los datos personales, deberá estar relacionado con el objeto de creación de la base de datos, salvo lo prescrito en el penúltimo párrafo del artículo anterior de esta Ley, y los objetos compatibles o relacionados. Salvo consentimiento expreso, en ningún caso se podrán utilizar datos personales para un fin distinto al que originalmente fueron recabados, ni recolectarse datos personales de cualquier tipo, que no tengan relación con el objeto de creación la base de datos.

Artículo 11. Los datos personales contenidos en las bases de datos deberán ser exactos y actualizados. Los datos inexactos o incompletos, deben ser suprimidos y sustituidos, o de ser el caso, completados por el particular o el responsable de la base de datos, cuando se tenga conocimiento de la inexactitud o carácter incompleto de la información de que se trate, o cuando así sea solicitado por el titular.

Artículo 12. Los responsables de las bases de datos, deberán eliminar los datos personales contenidos en la misma, una vez que se haya cumplido el fin para el que fue creada, de conformidad con los lineamientos que al efecto emita la Comisión. En este caso, no será necesario obtener el consentimiento del titular de los datos personales.

Artículo 13. Las bases de datos deberán de reunir las condiciones de seguridad suficientes que garanticen la protección de los datos personales. La Comisión establecerá mediante disposiciones generales, las medidas y procedimientos que deberán observar los particulares, para garantizar la protección de los datos personales.

Artículo 14. Toda base de datos en los términos previstos en esta Ley, debe inscribirse en el Registro que al efecto administre la Comisión Nacional de Protección de Datos Personales.

Artículo 15. El particular no puede recolectar datos personales de un titular, a menos que le proporcione un aviso de privacidad en cumplimiento con esta ley, en el que le informe de manera clara y entendible acerca de sus prácticas y políticas por lo que respecta al tratamiento de los datos personales.

Artículo 16. El aviso de privacidad deberá contener, al menos, la siguiente información:

I. La identidad y domicilio del particular que recolecta los datos personales;

II. El tipo de datos personales que son recolectados;

III. El fin para el que se recolecta y usarán los datos personales;

IV. las personas u organizaciones a quienes, en su caso, se puede dar a conocer la información recolectada;

V. Cualesquiera opciones y medios que la entidad ofrezca a los titulares para limitar el uso, divulgación, o ejercer los derechos de acceso, rectificación, corrección y cancelación de datos personales, de conformidad con lo dispuesto en esta ley;

VI. Los medios por los cuales el titular puede contactar al particular que recolecta los datos personales, para plantear dudas, comentarios o quejas al respecto, y

VII. El proceso por el cual el particular notifica a los titulares de cambios sustanciales al aviso de privacidad, de conformidad con lo previsto en esta ley;

Artículo 17. El aviso de privacidad debe ponerse a disposición de los titulares de los datos personales de la siguiente manera:

I. En recolecciones en línea, efectuadas por cualquier medio electrónico, óptico o de cualquier otra tecnología, en tiempo real, el aviso de privacidad debe proporcionarse en el momento de la recolección, de forma clara y fehaciente.

En su caso, tratándose de recolecciones vía Internet, el sitio, página o pantalla en que se efectúa la recolección, puede remitir a un vínculo, liga o pantalla subsecuente en la que conste el aviso de privacidad.

Asimismo, el aviso de privacidad puede presentarse en forma resumida, indicando al menos los elementos previstos en el artículo 16, fracciones I, III, y IV, de la presente ley y en forma completa en el vínculo, liga o pantalla subsecuente a la que se remita en el sitio, página o pantalla original.

II. En recolecciones fuera de línea, el aviso de privacidad debe ser proporcionado a solicitud del titular, en el momento de la recolección de los datos personales o con posterioridad, de conformidad con lo previsto en esta ley.

Artículo 18. No es obligatorio el que se proporcione el aviso de privacidad, respecto de la recolección y uso de la información disponible en fuentes de acceso público, ni cuando esta sea proporcionada por un tercero.

Capítulo
Derechos de los Titulares de Datos Personales.

Artículo 19. Cualquier titular, o en su caso su representante, podrá ejercer los derechos de acceso, rectificación, cancelación y oposición previstos en la Ley. Los datos personales deben ser almacenados de tal manera, que permitan el ejercicio de los derechos mencionados en este artículo.

Artículo 20. Todo titular tiene derecho a conocer si sus datos personales se encuentran almacenados en una base de datos, y a solicitar su rectificación o cancelación de conformidad con lo señalado en esta ley.

Dicho derecho se ejercerá en forma gratuita, y en consultas no menores a seis meses, previa acreditación de su identidad ante el responsable de la base de datos o el particular titular de la misma.

El acceso puede consistir en la consulta de los archivos contenidos en la base de datos, o en la indicación de los datos objeto de tratamiento, a efecto de que el titular:

I. Conozca si existen datos personales en una base de datos;

II. Solicite información sobre las fuentes y los medios a través de los cuales se obtuvieron los datos;

III. Solicite los fines para los cuales sus datos personales fueron recabados;

IV. Se le informe respecto de si la base de datos se encuentra inscrita en el registro que al efecto administra la Comisión.

Artículo 21. En caso de que los datos personales pretendan ser transferidos o cedidos a otra persona u organización nacional o extranjera, el particular deberá obtener el consentimiento del titular; y en caso de haberlo obtenido, deberá asegurarse que el receptor de los datos personales, protegerá la información con al menos, los mismos principios previstos en esta Ley.

Artículo 22. Los titulares podrán oponerse a proporcionar sus datos personales, salvo que exista obligación proveniente de una disposición legal, de una relación contractual o por resolución de una autoridad competente.

Artículo 23. El titular podrá solicitar al responsable de una base de datos, que se cancelen sus datos personales que se encuentren en la misma, obtenidos sin su consentimiento, en los términos previstos en esta Ley. La cancelación deberá realizarse de manera gratuita.

Capítulo IV
Procedimiento para el Ejercicio de los Derechos ante el Particular

Artículo 24. El Titular podrá ejercer ante el Particular, los derechos de acceso, rectificación o cancelación reconocidos en esta ley, mediante el siguiente procedimiento:

I. Se solicitará al Particular en el domicilio que al efecto haya designado o por la vía que se haya previsto en el aviso de privacidad respectivo, el ejercicio de alguno de los derechos previstos en la ley;

II. El Particular tendrá un plazo máximo de 5 días hábiles para determinar sobre la procedencia de la solicitud, y en su caso, permitir el acceso o llevar a cabo la rectificación o cancelación de los datos personales. Si es procedente, le informará al titular sobre dicha determinación, y en un plazo máximo de 48 horas, deberá permitir al titular el acceso a los datos personales, o realizar la rectificación o cancelación de los mismos.

Artículo 25. El Particular podrá negarse a permitir el acceso a los datos personales, o a realizar la rectificación o cancelación de los mismos, cuando se surta cualquiera de las siguientes hipótesis:

I. Cuando el solicitante no sea el titular de los datos personales, o el representante debidamente acreditado para ello;

II. Cuando en su base de datos, no se encuentren los datos personales del solicitante;

III. Cuando se lesionen los derechos de un tercero;

IV. Cuando exista un impedimento legal, o la resolución de una autoridad competente, que restrinja el acceso a los datos personales, o no permita la rectificación o cancelación de los mismos;

V. Cuando la rectificación o cancelación, haya sido previamente realizada;

En todos los casos anteriores, el particular deberá justificar su decisión y notificársela al titular de los datos, en un plazo máximo de tres días hábiles, por el mismo medio por el que se llevó a cabo la solicitud, acompañando, en su caso, las pruebas que resulten pertinentes.

Artículo 26. El Titular de los datos podrá solicitar ante la Comisión una declaración administrativa de infracción en un plazo máximo de tres meses contado a partir de que se cumpla cualquiera de los siguientes supuestos:

I. En caso de que no hubiere recibido la notificación señalada en el artículo anterior;

II. Cuando habiendo recibido la notificación a que se refiere la fracción anterior, no estuviere de acuerdo con su contenido;

III. En el supuesto de que el particular no hubiere permitido el acceso o realizado la rectificación o cancelación, en los términos y condiciones previstos en esta Ley.

CAPÍTULO V
De la Comisión Nacional de Protección de Datos Personales.

Sección Primera
Denominación, Objeto, Domicilio y Patrimonio.

Artículo 27. La Comisión Nacional de Protección de Datos Personales es un organismo descentralizado de la Administración Pública Federal, no sectorizado, dotado de personalidad jurídica y patrimonio propio. Para el desarrollo de sus atribuciones, contará con plena autonomía para dictar sus resoluciones, así como técnica y de gestión. Tiene por objeto, promover y proteger los datos personales en posesión de particulares.

Artículo 28. El domicilio legal de la Comisión será la Ciudad de México, Distrito Federal, y podrá establecer delegaciones en las entidades federativas.

Artículo 29. El patrimonio de la Comisión estará integrado con:

I. Los recursos presupuestales que le asigne la Cámara de Diputados del Congreso de la Unión a través del Presupuesto de Egresos de la Federación correspondiente;

II. Los bienes muebles e inmuebles que le sean asignados;

III. Los bienes que adquiera por cualquier otro título lícito, y

IV. Las aportaciones, donaciones, legados y demás liberalidades que reciba de personas físicas y morales.

Sección Segunda
De las Atribuciones

Artículo 30. La Comisión tiene las siguientes atribuciones:

I. Promover y proteger los datos personales en posesión de particulares, en los términos previstos en esta Ley;

II. Desarrollar, fomentar y difundir análisis, estudios e investigaciones en materia de Protección de Datos personales en posesión de particulares;

III. Promover y realizar directamente, en su caso, programas educativos y de capacitación en las materias a que se refiere esta ley y prestar asesoría a los titulares de los datos personales;

IV. Establecer mediante disposiciones generales, los lineamientos que en materia de seguridad en el tratamiento de los datos personales, deben observar los particulares

V. Promover la formulación, difusión y uso de códigos de ética, por parte de los particulares, que incorporen los principios previstos por esta Ley

VI. Celebrar todo tipo de actos jurídicos y acuerdos administrativos, con personas físicas o morales nacionales o extranjeras, de conformidad con las disposiciones legales aplicables, a efecto de dar pleno cumplimiento al objeto contenido en esta Ley;

VII. Divulgar los compromisos asumidos por el Estado mexicano en los instrumentos internacionales que establecen disposiciones en la materia;

VIII. Emitir las disposiciones necesarias para la operación, funcionamiento y control del registro de bases de datos previsto en esta Ley, así como llevar a cabo la administración del mismo;

IX. Vigilar y verificar el cumplimiento de las disposiciones contenidas en esta ley;

X. Procurar la solución de las diferencias entre los titulares de datos personales y los particulares, en los términos previstos en esta Ley;

XI. Elaborar del Programa Institucional en materia de Protección de Datos Personales en posesión de particulares, de conformidad con el Plan Nacional de Desarrollo, Ley de Planeación y demás disposiciones aplicables;

XII. Solicitar a las instituciones públicas o a particulares, la información para verificar el cumplimiento de este ordenamiento, en el ámbito de su competencia, con las excepciones previstas por la legislación;

XIII. Asistir a las reuniones internacionales en materia de Protección de Datos personales;

XIV. Imponer las sanciones establecidas en esta ley;

XV. Conocer y resolver los procedimientos de declaración de infracción administrativa señalado en esta Ley;

XVI. Conocer y resolver los recursos de revisión interpuestos en contra de sus resoluciones;

XVII. Las demás que le confieran esta ley y demás ordenamientos aplicables.

Sección Tercera
De los Órganos de Gobierno y Administración.

Artículo 31. La Administración de la Comisión corresponde a:

I. La Junta de Gobierno, y

II. La Presidencia de la Comisión.

Artículo 32. La Junta de Gobierno estará integrada por los siguientes representantes:

I. Uno de la Secretaría de Gobernación;
II. Uno de la Secretaría de Hacienda y Crédito Público;
III. Uno de la Secretaría de Economía;
IV. Uno de la Secretaría de Educación Pública, y
V. Por el Presidente de la Comisión

Los representantes de las Secretarías deberán tener nivel de Subsecretario y sus respectivos suplentes el nivel inferior jerárquico inmediato.

Asimismo, podrán ser invitados a las sesiones de la Junta de Gobierno con derecho a voz, pero no a voto, representantes de los sectores económico y social, así como de universidades de educación superior o de organizaciones civiles, cuando se discuta un tema o materia de interés de los mismos, en los términos que establezca el Estatuto Orgánico.

Artículo 33. La Junta de Gobierno tendrá, además de aquellas que establece el artículo 58 de la Ley Federal de las Entidades Paraestatales, las siguientes atribuciones:

I. Aprobar su reglamento de sesiones y el Estatuto Orgánico de la Comisión, con base en la propuesta que presente la Presidencia;

II. Establecer las políticas generales para la conducción de la Comisión en apego a este ordenamiento, el Plan Nacional de Desarrollo, al Estatuto Orgánico y a las demás disposiciones legales y administrativas que regulen su funcionamiento;

III. Aprobar el proyecto de presupuesto que someta a su consideración la Presidencia de la Comisión y conocer los informes sobre el ejercicio del mismo;

IV. Nombrar y remover, a propuesta de la Presidencia de la Comisión, a los servidores públicos de éste que ocupen cargos en las dos jerarquías administrativas inferiores a la de aquél, y

V. Acordar con base en los lineamientos y prioridades que establezca el Ejecutivo Federal, la realización de todas las operaciones inherentes al objeto del organismo con sujeción a las disposiciones aplicables y delegar discrecionalmente en el Presidente de la Comisión sus facultades, salvo las que sean indelegables de acuerdo con la legislación aplicable, conforme a lo establecido en este artículo;

VI. Aprobar el tabulador de salarios de la Comisión;

VII. Expedir y publicar un informe anual de la Junta, y

VIII. Las demás que le confieran éste u otros ordenamientos.

Artículo 34. La Junta de Gobierno sesionará válidamente cuando en la sesión se encuentren presentes más de la mitad de los miembros, siempre que entre ellos esté el Presidente de la Junta.

Las resoluciones se tomarán por mayoría de los miembros presentes y en caso de empate, el Presidente tendrá voto de calidad.

Las sesiones que celebre la Junta de Gobierno serán ordinarias y extraordinarias; las ordinarias se llevarán a cabo por lo menos cada tres meses, y las extraordinarias se celebrarán cuando lo convoque el Presidente.

Artículo 35. El Presidente de la Comisión, quien presidirá la Junta de Gobierno, será designado por el Titular del Poder Ejecutivo Federal, y deberá ser ciudadano mexicano y haberse desempeñado en forma destacada en cuestiones profesionales, de servicio público, o académicas substancialmente relacionadas con el objeto de esta ley.

Artículo 36. Durante su encargo el Presidente de la Comisión no podrá desempeñar algún otro empleo, cargo o comisión distinto, que sea remunerado, con excepción de los de carácter docente o científico.

Artículo 37. El Presidente de la Comisión podrá ser removido de sus funciones y, en su caso, sujeto a responsabilidad, sólo por las causas y mediante los procedimientos establecidos por el Título Cuarto de la Constitución Política de los Estados Unidos Mexicanos.

Artículo 38. El Presidente de la Comisión tendrá, además de aquellas que establece el artículo 59 de la Ley Federal de las Entidades Paraestatales, las siguientes atribuciones:

I. Representar legalmente a la Comisión, así como otorgar poderes a servidores públicos de la misma, para representarla en asuntos o procedimientos judiciales, administrativos y laborales;

II. Crear las unidades que se requieran para el buen funcionamiento de la Procuraduría y determinar la competencia de dichas unidades, de acuerdo con el estatuto orgánico;

III. Proponer el anteproyecto de presupuesto de la Comisión y autorizar el ejercicio del aprobado;

IV. Delegar facultades de autoridad y demás necesarias o convenientes en servidores públicos subalternos, sin perjuicio de su ejercicio directo. Los acuerdos relativos se publicarán en el Diario Oficial de la Federación;

V. Fijar las políticas y expedir las normas de organización y funcionamiento de la Comisión;

VI. Planear, organizar, coordinar, dirigir, controlar y evaluar el funcionamiento de la Comisión, con sujeción a las disposiciones aplicables;

VII. Someter a la consideración de la Junta de Gobierno el informe anual de actividades y el informe sobre el ejercicio presupuestal;

VIII. Ejecutar los acuerdos y demás disposiciones de la Junta de Gobierno, así como supervisar su cumplimiento por parte de las unidades administrativas competentes de la Comisión;

IX. Someter a la aprobación de la Junta de Gobierno el proyecto del Estatuto Orgánico;

X. Nombrar a los servidores públicos de la Comisión, a excepción de aquellos que ocupen los dos niveles jerárquicos inferiores inmediatos al Presidente;

XI. Ejercer la representación legal de la Comisión, así como delegarla cuando no exista prohibición expresa para ello;

XII. Celebrar acuerdos de colaboración con órganos u organismos públicos o privados nacionales de cualquier ámbito de gobierno, así como internacionales, para el desarrollo de las atribuciones de la Comisión, de conformidad con las normas aplicables;

XIII. Proponer a la Junta de Gobierno el tabulador salarial de la Comisión y

XIV. Las demás que le confieran éste u otros ordenamientos.

Sección Cuarta
De los Órganos de Vigilancia.

Artículo 39. La Comisión contará con una contraloría, órgano de control interno, al frente de la cual estará la persona designada en los términos de la Ley Orgánica de la Administración Pública Federal.

Asimismo, contará con un Comisario Público propietario y un suplente, designados por la Secretaría de la Función Pública, quienes ejercerán sus funciones de acuerdo con las disposiciones legales aplicables.

El Comisario acudirá con voz pero sin voto, a las sesiones de la Junta de Gobierno.

Artículo 40. El Comisario Público, tendrá entre otras, las siguientes facultades:

I. Vigilar el cumplimiento de las disposiciones legales, así como de las reglamentarias, administrativas y de política general que se emitan;

II. Promover y vigilar que la Comisión establezca indicadores básicos de gestión, que permitan medir y evaluar su desempeño;

III. Vigilar que la Comisión proporcione con la oportunidad y periodicidad que se señale, la información que requiera en cuanto a los ingresos y gastos públicos realizados;

IV. Solicitar a la Junta de Gobierno o al Presidente de la Comisión, la información que requiera para el desarrollo de sus funciones, y

V. Las demás inherentes a su función y las que le señale expresamente la Secretaría de la Función Pública, en el ámbito de su competencia.

Sección Quinta
Prevenciones Generales.

Artículo 41. La Comisión se regirá por lo dispuesto en esta Ley en lo relativo a su estructura, funcionamiento, operación, desarrollo y control, y le serán aplicables aquellas disposiciones contenidas en la Ley Federal de Entidades Paraestatales, en lo que no se oponga a la misma.

En este sentido, contará con las disposiciones generales a la naturaleza y características del organismo, a sus órganos de administración, a las unidades que integran estos últimos, a la vigilancia, y demás que se requieran para su regulación interna, conforme a lo establecido en la legislación de la materia y por esta Ley.

Artículo 42. Queda reservado a los Tribunales Federales el conocimiento y resolución de todas las controversias en que sea parte la Comisión.

Sección Sexta
Régimen de Trabajo.

Artículo 43. Las relaciones de trabajo del organismo y su personal se regirán por la Ley Federal del Trabajo, reglamentaria del apartado "A" del artículo 123 de la Constitución Política de los Estados Unidos Mexicanos.

Capítulo VI
Del Procedimiento de Declaración Administrativa de Infracción

Artículo 44. Los procedimientos de declaración administrativa de infracción, se sustanciarán y resolverán por la Comisión, con arreglo al procedimiento que señala este capítulo, siendo aplicable, en lo que no se oponga, la Ley Federal de Procedimiento Administrativo y el Código Federal de Procedimientos Civiles.

La Comisión pondrá a disposición del público, el domicilio de las unidades receptoras y la dirección electrónica donde podrán, también, recibirse las solicitudes del procedimiento de declaración administrativa de infracción, en los términos de esta Ley y su Reglamento.

Artículo 45. El procedimiento para sancionar administrativamente las infracciones a la presente Ley, se iniciará a petición de quien tenga interés jurídico, en los términos señalados en este ordenamiento legal.

Las partes, en cualquier etapa del procedimiento, podrán solucionar el conflicto surgido con motivo del ejercicio de los derechos reconocidos en esta Ley, de manera conciliatoria. En caso de llegar a un acuerdo, deberán asentarlo por escrito y hacerlo del conocimiento de la Comisión, a efecto de que ésta dé por concluido el procedimiento iniciado. El convenio celebrado por las partes, tendrá los efectos de cosa Juzgada.

Artículo 46. La solicitud de declaración administrativa de infracción, deberá contener los siguientes elementos:

I. Nombre del Titular de los Datos Personales, así como de ser el caso, de su representante para ejercer los derechos previstos en esta Ley;

II. Domicilio para oír y recibir notificaciones;

III. Nombre del Particular que se encuentre en cualquiera de los supuestos previstos en el artículo 26 de esta Ley;

IV. Relación sucinta de los hechos que fundamenten su petición;

V. La solicitud para hacer valer cualquiera de los derechos previstos en esta Ley ante particular, por la que no obtuvo contestación, o que el acceso, rectificación o cancelación, no fueron realizados, en los términos previstos por esta ley, o en su caso, la justificación prevista en el último párrafo del artículo , y

VI. Fecha y firma.

Asimismo, el solicitante deberá adjuntar a su escrito, los documentos que acrediten su personalidad, y exhibir el número de copias simples de la solicitud y de los documentos que a ella se acompañan, necesarios para correr traslado al Particular respectivo.

La Comisión deberá poner a disposición del público, formatos en los que cumpliendo los requisitos señalados en este artículo, el titular de los datos, o en su caso, su representante, pueda presentar su solicitud de declaración administrativa de Infracción.

Artículo 47. Si el solicitante no cumpliere con los requisitos a que se refiere el artículo anterior, o no exhibiera los documentos que a ella se acompañan, la Comisión le requerirá por una sola vez, subsane la omisión en que incurrió o haga las aclaraciones que correspondan; para tal efecto se le concederá un plazo de tres días hábiles, y de no cumplirse el requerimiento en el plazo otorgado, se desechará la solicitud de declaración administrativa de infracción.

También se desechará la solicitud por la falta del documento que acredite la personalidad.

Artículo 48. En los procedimientos de declaración administrativa de infracción, se admitirán únicamente las pruebas que tengan relación directo con el fondo del asunto. Las pruebas que se presenten posteriormente, no serán admitidas salvo que fueren supervenientes.

Artículo 49. Para la comprobación de hechos que puedan constituir violación de alguno o algunos de los derechos que protege esta Ley, la Comisión podrá valerse de los medios de prueba que estime necesarios.

Artículo 50. Admitida la solicitud de declaración administrativa de infracción, la Comisión con copia simple de la solicitud y los documentos que se le acompañaron, le notificará al Particular el inicio del procedimiento, concediéndole un plazo de cinco días hábiles para que manifieste por escrito lo que a su derecho convenga y presente las pruebas correspondientes.

Artículo 51. El escrito en que el presunto infractor formule sus manifestaciones deberá contener:

I. Nombre del presunto infractor y, en su caso, de su representante;

II. Domicilio para oír y recibir notificaciones;

III. Excepciones y defensas;

IV. Las manifestaciones u objeciones a cada uno de los puntos de la solicitud de declaración administrativa de infracción;

V. Fundamentos de derecho, y

VI. Fecha y Firma.

El presunto infractor deberá adjuntar a su escrito, los documentos que acrediten su personalidad, así como las pruebas que estime convenientes para desvirtuar la imputación.

Artículo 52. Cuando el presunto infractor no pueda exhibir dentro del plazo concedido la totalidad o parte de las pruebas por causas debidamente justificadas a juicio de la Comisión, se le podrá otorgar un plazo adicional de cinco días hábiles para su presentación, siempre y cuando las ofrezca en su escrito y haga el señalamiento respectivo.

Artículo 53. Transcurrido el plazo para que el presunto infractor, presente sus manifestaciones y, en su caso, la prórroga a que se refiere el artículo anterior, previo estudio de los antecedentes relativos y desahogadas las pruebas que lo requieran, se dictará en un término máximo de cinco días hábiles, la resolución administrativa que proceda, la que se notificará a las partes en el domicilio señalado en el expediente dentro de un término de 48 horas. Cuando proceda la sanción, en la misma resolución se impondrá ésta, señalándose el plazo para su cumplimiento.

La Comisión acordará sobre la admisibilidad de las pruebas ofrecidas, pudiendo rechazar las pruebas propuestas por las partes, cuando éstas no fueren ofrecidas conforme a derecho, no tengan relación directa con el fondo del asunto o con los derechos controvertidos, sean improcedentes o innecesarias. Tal resolución deberá estar debidamente fundada y motivada.

Artículo 54. Las resoluciones que emita la Comisión serán públicas y estarán disponibles para su consulta electrónica, en los términos que disponga la ley de la materia.

En contra de las resoluciones que la Comisión emita de conformidad con la presente Ley, procede el recurso de revisión, en los términos previstos por la Ley Federal de Procedimiento Administrativo. La Comisión será la competente de conocer y resolver el recurso de revisión.

En todo caso, cualquiera de las partes involucradas en la controversia tendrá a salvo sus derechos para recurrir a las autoridades jurisdiccionales correspondientes.

CAPÍTULO VII
De las Infracciones y Sanciones

Artículo 55. Constituyen infracciones a la presente Ley, cuando el Particular:

I. No permita al Titular de los Datos sin la debida justificación, el acceso a los datos personales, en los términos previstos en esta Ley;

II. No realice la rectificación o cancelación de los datos personales, sin la debida justificación, en los términos previstos en esta Ley;

III. No entregue al solicitante de los derechos de acceso, rectificación o cancelación, la justificación prevista en el artículo 26 de esta Ley;

IV. Cuando la negativa de permitir al titular de los datos personales el acceso, llevar a cabo la rectificación o cancelación de los datos personales, a juicio de la Comisión, sea notoriamente improcedente, en los términos previstos en esta Ley y su reglamento;

V. No establezca las medidas de seguridad señaladas por la Comisión, para proteger los datos personales en la base de datos de la cual es titular;

VI. Lleve a cabo la transmisión o cesión de los datos personales, sin el consentimiento de los titulares, en los términos previstos en esta Ley;

VII. Recabe datos personales para fines distintos a los del objeto de creación de la base de datos;

VIII. Divulgue o difunda datos personales sensibles, sin la autorización requerida para ello;

IX. No inscriba la base de datos, en el registro previsto en esta Ley;

X. Las demás violaciones a las disposiciones contenidas en esta Ley y su reglamento.

Artículo 56. Las infracciones a la presente Ley serán sancionadas por la Comisión con:

I. La obligación de que el particular lleve a cabo los actos solicitados por el titular, en los términos previstos por esta Ley, tratándose de los supuestos previstos en las fracciones I y II del artículo anterior;

II. Multa de 100 a 2000 días de salario mínimo vigente en el Distrito Federal, en los casos previstos en la fracción III, V, IX y X del artículo anterior;

III. Multa de 200 a 5,000 días de salario mínimo vigente en el Distrito Federal, en los casos previstos en las fracciones IV, VI, VII, VIII del artículo anterior.

IV. En caso de que persistan infracciones a la presente Ley, se impondrán nuevas multas por cada día que transcurra sin que se obedezca el mandato respectivo, hasta por 200 días de salario mínimo vigente en el Distrito Federal.

Artículo 57. La Comisión fundará y motivará sus resoluciones, considerando:

la Unión para legislar en materia de Protección de Datos personales en posesión de particulares, el Diputado anteriormente presentó ante el Pleno de la Cámara de Diputados, una iniciativa que pretendía adicionar el artículo 73 de la Constitución Política de los Estados Unidos Mexicanos, lo que al momento de redacción de esta tesis es ya un hecho al 2009.

I. La notoria improcedencia de la negativa del Particular, para realizar los actos solicitados por el Particular, en términos de esta Ley;

II. El carácter intencional o no, de la acción u omisión constitutiva de la infracción;

III. La capacidad económica del Particular, y

IV. La reincidencia.

Artículo 58. Las sanciones que se señalan en este capítulo, se impondrán sin perjuicio de la responsabilidad civil o penal que resulte.

Artículos Transitorios

Artículo Primero. La presente ley entrará en vigor al día siguiente de su publicación en el Diario Oficial de la Federación.

Artículo Segundo. La designación del Presidente de la Comisión deberá realizarse dentro de los 30 días siguientes a la entrada en vigor del presente decreto.

Artículo Tercero. La designación de la Junta de Gobierno deberá realizarse dentro de los 90 días siguientes a la publicación de la ley.

Artículo Cuarto. La Presidencia de la Comisión, someterá a la aprobación de la Junta de Gobierno el proyecto del Estatuto Orgánico dentro de los 120 días siguientes a su nombramiento. Los procedimientos a que alude el Capítulo III de este decreto, empezarán a conocerse, después de los 150 días de haber entrado en vigor la presente ley.

Artículo Quinto. Una vez designada la persona titular de la Presidencia del Consejo, la Secretaría de Hacienda y Crédito Público proveerá, con sujeción a las previsiones que para tal efecto estén contenidas en el Presupuesto de Egresos de la Federación, los recursos necesarios para dar inicio a las actividades de la institución y la Secretaría de la Función Pública llevará a cabo las acciones necesarias en su ámbito de competencia

La exposición de motivos de la iniciativa hace hincapié en la necesidad de regular la transferencia de datos personales a terceros países que garantizan un nivel adecuado de protección conforme al artículo 25 de la *"Directiva 95/46/CE del Parlamento Europeo y del Consejo del 24 de octubre de 1995 relativa a la protección de las personas físicas en lo que respecta al tratamiento de datos personales y a la libre circulación de estos datos. "*

Además de la referencia a las Directivas europeas, con particular énfasis a la 95/46/EC[79], la propuesta de Parra Noriega, está construida sobre

---

[79] Sobre la base de los principios aportados por el Convenio no. 108 del Consejo,, fue aprobada el 24 de octubre de 1995 en el ámbito comunitario, la Directiva 95/46/CE, del Parlamento y del Consejo, , relativa a la protección de las personas físicas en lo que respecta al tratamiento de datos personales y a la libre circulación de estos datos. La Directiva 95/46/CE, sienta las bases para lograr la coordinación de las legislaciones nacionales de los Estados-miembros aplicables en materia de Protección de Datos en aras a garantizar la libre circulación de tales datos entre los Estados Miembros y constituye una referencia obligatoria para el análisis de los elementos fundamentales de la Propuesta Legislativa de Parra Noriega.

Los principios de protección de los derechos y libertades de las personas, y concretamente, del respeto a la Intimidad, que se contienen en la directiva, vienen a ampliar los del convenio, y así se desprende del Considerando 11 de la misma. La directiva establece los principios y requisitos procedimentales que deberán considerarse exigencia mínima para que la protección sea adecuada.

Hablamos de dos tipos de principios: los que se tendrán en cuenta en el momento de recoger los datos y los que se tendrán en cuenta durante el tratamiento o procesamiento de los datos. En el momento de recabar los datos, siguiendo las disposiciones del artículo 6, estos deberán ser tratados de manera leal y lícita (principio de lealtad); recogidos con fines determinados, explícitos y legítimos y no tratados posteriormente de manera incompatible con dichos fines (principio de finalidad y principio de utilización no abusiva); adecuados, pertinentes y no excesivos con relación a los fines para los que se recaben y para los que se traten posteriormente (principio de pertinencia); exactos y, cuando sea necesario, actualizados (principio de exactitud); conservados durante un tiempo no superior al necesario para los fines para los que fueron recogidos (principio del derecho al olvido). El artículo 8 establece el principio de prohibición de tratamiento de datos personales relativos al origen racial o étnico, a las convicciones religiosas o filosóficas, la pertenencia a sindicatos y los datos relativos a la salud y sexualidad. En su apartado segundo determina los casos en que el citado principio no será de aplicación. Finalmente, de acuerdo con lo establecido en los artículos 10 y 11, deberá regir el principio de información. En el momento del tratamiento o procesamiento de los datos, habrá que tener en cuenta los principios de confidencialidad de los datos recogidos (art. 16), importantes antecedentes internacionales que constituyen referentes obligados en la materia. Uno de los documentos fundamentales citados en la exposición de motivos es la *Resolución N° 45/95* del 14 de diciembre de 1990, de la Organización de las Naciones Unidas, que adoptó principios rectores sobre la reglamentación de los ficheros computarizados de datos personales. Dicha *Resolución* establece que se deben pedir garantías con respecto a los datos sensibles, además aconseja la creación de una autoridad de control. Preconiza la adopción de medidas que permitan al individuo tener un derecho de acceso y de rectificación de sus datos, que las personas que obtienen estos datos especifiquen la finalidad de la utilización de los mismos, así como la imposición de límites para su obtención, su uso y su retención.

---

seguridad (art. 17) y consentimiento del interesado (art. 7). Por último, el interesado gozará del principio de acceso individual, mediante los derechos de acceso y oposición (arts. 12 y 14).

El capítulo III de la directiva lleva por título "*Recursos judiciales, responsabilidad y sanciones*". De la misma forma que lo hiciera el convenio, la directiva remite a los Estados el establecimiento de los recursos y las sanciones necesarias para los supuestos de infracción de la normativa. Con el artículo 22 el legislador comunitario da la opción de que se prevea un recurso de naturaleza administrativa ante las autoridades de control sujetas al derecho administrativo. Este recurso es opcional, pero no lo es el recurso judicial, que deberá existir en todas las legislaciones nacionales. Por lo que respecta al régimen de responsabilidad, el artículo 23 establece que los Estados Miembros dispondrán que toda persona que se vea perjudicada como consecuencia de un tratamiento ilícito o de una acción incompatible con las disposiciones nacionales adoptadas en aplicación de la directiva tenga derecho a obtener del responsable del tratamiento la reparación del perjuicio sufrido. El responsable del tratamiento podrá ser eximido parcial o totalmente de dicha responsabilidad si demuestra que no se le puede imputar el hecho causante del daño. En este sentido, el Considerando 55 de la directiva añade que el daño habrá de ser reparado por el responsable del tratamiento a no ser que éste pruebe que no le es imputable, principalmente si demuestra la responsabilidad del interesado o que se trata de un caso de fuerza mayor. En cuanto a las sanciones, el artículo 24 determina que los Estados Miembros adoptarán las medidas adecuadas para garantizar la plena aplicación de las disposiciones de la directiva y determinarán las sanciones que deben aplicarse en caso de incumplimiento de las disposiciones adoptadas en ejecución de la misma. El Considerando 55 precisa que las sanciones se impondrán a toda persona, tanto de derecho privado como de derecho público, que no respete las disposiciones nacionales adoptadas en aplicación de la presente directiva.

Finalmente, la propuesta hace hincapié en la importancia de la adopción de medidas de seguridad y en los lineamientos de la Organización para la Cooperación y el Desarrollo Económico OCDE de la que México forma parte y que ha analizado y estudiado diferentes aspectos de la privacidad.

Sobre la cuestión de los Principios, la propuesta recoge las directivas del Simposio de Viena organizado a instancias del Grupo de Expertos sobre Bancos de Datos en 1997. Este Simposio estableció un conjunto de principios básicos que reconocen entre otras cosas la necesidad de que la información fluya de forma regulada entre los países y la legitimación que los países tienen para imponer regulaciones para el flujo de información que pueda resultar contraria al orden público, o que atente contra la seguridad nacional.

Esta misma institución promulgó en 1980 los *Lineamientos sobre la Protección de la Privacidad y el Flujo Transfronterizo de Datos Personales,*[80] en los que se recomienda de manera general a los países miembros que supriman o eviten crear obstáculos injustificados a los flujos transfronterizos de datos personales, bajo el pretexto de una protección privada. Por lo que se refiere a la obligación de proteger la vida privada, se dice que el Estado debe vigilar la obtención y la calidad de los datos; así como supervisar el respeto de diversos principios, entre ellos, los de finalidad, lealtad y seguridad; además, se prevé la obligación de los Estados

---

[80]La OCDE, en Septiembre de 1980, propone la Recomendación de 23 de Enero de 1980, en el ámbito de los países miembros (Estados americanos, europeos, asiáticos y Australia), y en general a la comunidad universal, por la cual se formulan directrices en relación con el flujo internacional de datos personales y la protección de la Intimidad y las libertades fundamentales, basada en parecidas motivaciones de las del Consejo de Europa.

de garantizar los derechos de acceso y rectificación por parte del titular de los datos.

En lo relativo a la obligación de garantizar la libre circulación de datos, los *Lineamientos* prevén que los Estados deben realizar esfuerzos para verificar las consecuencias del flujo transfronterizo de estos datos con respecto a otros países de Estados miembros o no, y, en su caso tomar las medidas apropiadas para garantizar la integridad, el respeto y la utilización de los datos personales. Entre estas medidas se encuentran la creación de sanciones coactivas y el reconocimiento de la responsabilidad jurídica de los controladores de datos y la exigencia de una transparencia en el control de los mismos.

En términos generales los *Lineamientos* exhortan a los países miembros a mantener legislaciones nacionales similares y acordes con los principios, para facilitar la ejecución de las disposiciones de Protección de Datos personales en cualquier jurisdicción.

Otro antecedente importante de esta propuesta, lo constituyen los trabajos del área para la *Cooperación Económica de Asia-Pacífico* (APEC), de la cual México también es parte. El *Marco de Privacidad de APEC* promueve un acercamiento flexible a la protección de la privacidad de la información en las Economías Miembro de APEC, evitando la creación de barreras innecesarias para los flujos de información. La intención del Marco es proporcionar una clara orientación y dirección a empresas dentro de las Economías de APEC, sobre asuntos comunes de privacidad y de su impacto en la conducción de negocios legítimos.

Además, reconoce la importancia de:

a) Desarrollar protecciones apropiadas para la información personal, particularmente contra las dañinas consecuencias de intrusiones no deseadas y del uso incorrecto de la información personal;

b) Reconocer el libre flujo de información como algo esencial para Economías de mercado desarrolladas y en desarrollo, para sustentar el crecimiento económico y social;

c) Posibilitar organizaciones globales que recopilen, accedan, usen o procesen información en Economías de APEC para desarrollar e implementar acercamientos uniformes dentro de sus organizaciones para tener acceso global y uso de la información personal;

d) Posibilitar agencias de seguridad para cumplir con su mandato de proteger la privacidad de la información; y,

e) Presentar mecanismos internacionales para promover y hacer cumplir la privacidad de la información, y mantener la continuidad de los flujos de información entre Economías de APEC y sus socios comerciales.

Junto con el *Marco de Privacidad de APEC*, este organismo enunció una serie de principios de privacidad de la información, que han orientado en buena medida las legislaciones que existen en otros países sobre el tema, dichos principios son: prevención del daño, aviso, limitación de recolección, usos de la información personal, elección, integridad de la información personal, medidas de seguridad, acceso y corrección y responsabilidad.

Asimismo, el Marco de Privacidad de APEC formula una serie de orientaciones a los países miembros, como en este caso lo es México, respecto de la adecuada implementación de la ley modelo en sus respectivas legislaciones locales.

Otro referente obligado en la materia y que permea toda la redacción de la propuesta legislativa en causa, se ha desarrollado en la Unión Europea donde existe desde hace algunos años un esfuerzo notable para proteger los datos personales. Es de mencionarse el Convenio del Consejo Europeo N° 108 para la protección de las personas con respecto al tratamiento automatizado de datos de carácter personal, de 1981 cuyo objetivo es conciliar el respeto de la vida privada y la libre circulación de la información a través de las fronteras. El Convenio se inscribe en una perspectiva de protección de los Derechos Humanos cuya finalidad es garantizar en el territorio de cada Parte a cualquier persona física el respeto de sus derechos y libertades fundamentales, concretamente su derecho a la vida privada, con respecto al tratamiento automatizado de los datos de carácter personal.

Sin embargo, el más importante antecedente legislativo de la propuesta, arriba mencionado, es la Directiva 95/46/CE del Parlamento Europeo y del Consejo del 24 de octubre de 1995 relativa a la protección de las personas físicas en lo que respecta al tratamiento de datos personales y a la libre circulación de estos datos, la cual reconoce que los sistemas de tratamiento de datos están al servicio del hombre y deben respetar las libertades y derechos fundamentales de las personas físicas y, en particular, la Intimidad, y contribuir al progreso económico y social, al desarrollo de los intercambios, así como al bienestar de los individuos. Reconoce las diferencias existentes en las legislaciones de los Estados miembros, respecto de los niveles de protección de los datos personales, lo cual crea obstáculos a la circulación de datos personales, por lo que para eliminarlos promueve la armonización de las legislaciones que protegen los datos personales buscando ofrecer un nivel máximo de garantía a los ciudadanos de la Unión Europea. De la citada Directiva resulta relevante para el espíritu de la propuesta mexicana, el artículo 25, el cual establece que los Estados miembros dispondrán la transferencia de datos personales que sean objeto de tratamiento, a un país tercero, únicamente cuando el país tercero garantice un nivel de protección adecuado.

Es necesario tomar en cuenta este antecedente legislativo internacional en la materia, ya que la falta de un marco jurídico que proteja los datos personales en nuestro país, lo señala como un país que a nivel internacional no cumple con los requisitos mínimos en materia de Protección de Datos personales, lo cual desincentiva el comercio con países de la Unión Europea que exigen cierto grado de protección en la materia.

Tal como lo enfatiza la exposición de motivos, la tendencia mundial apunta hacia la regulación jurídica de los datos personales, que fundamenta en la presentación de un listado de cuarenta países que cuentan con regulación jurídica en el tema de Protección de Datos personales.

Si bien, tal como lo explicita el diputado Parra Noriega, en México existen referentes legales en materia de protección a la Intimidad y privacidad de las personas, tanto en la Constitución General de la República, como en Leyes Federales así como en la legislación secundaria, la urgencia de legislar a nivel federal en la materia es real, o México quedará fuera de los circuitos comerciales y de los flujos transfronterizos establecidos al interior del triangulo demarcado por los dos tratados de Libre Comercio[81], el primero

---

[81] Ver las condiciones que determinan que un país es considerado como "Safe Harbour", U.S. DEPARTMENT OF COMMERCE. *Safe Harbor overview*. Retrieved July 7, 2000, from http://www.ita.doc.gov/td/ecom/SafeHarborOverviewAug00.htm y U.S. DEPARTMENT OF

con América del Norte y el segundo con la Unión Europea . En la Constitución Política de los Estados Unidos Mexicanos, los artículos 7 y 16 establecen criterios tutelares de la privacidad e Intimidad de las personas. En el artículo 7 se prevé como límite a la libertad de imprenta el respeto a la vida privada. En el artículo 16 se regulan dos aspectos relevantes de la garantía protectora del Estado: la inviolabilidad domiciliaria y de las comunicaciones privadas.

El Código Civil Federal en los artículos 1916 y 1916 Bis, hace referencia al derecho al honor, Intimidad y a la propia imagen al establecer que: "Por daño moral se entiende la afectación que una persona sufre en sus sentimientos, afectos, creencias, decoro, honor, reputación, vida privada, configuración y aspecto físico, o bien en la consideración que de sí misma tienen los demás..."

Asimismo, establece la fracción IV de dicho artículo que quien ofenda el honor, ataque la vida privada o la imagen propia de una persona, estará sujeta a la reparación del daño moral establecido en ese ordenamiento.

Sin duda un importante avance en materia de Protección de Datos personales lo es la actual Ley Federal de Transparencia y Acceso a la Información Pública Gubernamental, la cual establece como uno de los objetivos de la ley, la protección de los datos personales en posesión de los sujetos obligados y los considera como información confidencial.

COMMERCE.. *Safe Harbor list*. Retrieved June 4, 2002, from
http://www.ita.doc.gov/td/ecom/FRN2.htm

Otro paso más hacia la protección de los datos personales se vio reflejado en las recientes reformas al artículo sexto constitucional publicadas el 20 de julio de 2007, en cuya fracción segunda de dicha reforma se establece que: *"La información que se refiere a la vida privada y los datos personales será protegida en los términos y con las excepciones que fijen las leyes"* .

En dicha reforma, se otorgó la facultad para legislar en materia de Protección de Datos personales en poder de órganos públicos, a los órganos legislativos de las entidades federativas, y claro, a la Federación.

En este sentido, la tarea está pendiente respecto a la tutela de los datos en posesión de particulares; es decir, hoy en día no contamos con un cuerpo legal que prevea con observancia en todo el país, los principios, derechos, obligaciones, procedimientos, autoridades y sanciones en la materia.

Cabe decirlo, derivado del sistema federal vigente, algunas entidades federativas, han expedido ordenamientos jurídicos que regulan el tratamiento de datos personales en posesión de particulares, pero desafortunadamente, al igual que como sucedió en el tema del derecho de acceso a la información, la legislación en la materia se inspira en diseños normativos y contenidos diversos, que en nada ayudan a hacer efectivo en todo el país, la tutela y el ejercicio de un derecho fundamental, además de que tienen fuertes limitantes, tal como se analiza en profundidad, a partir del ejemplo de San Luis de Potosí. El resultado puede ser contraproducente para la economía nacional, en particular para el sector del comercio exterior.

Ante esta realidad, la cual no ha pasado inadvertida a las diversas legislaturas desde el 2000, la reforma al art. 73, votada en el 2009, al dotar el Congreso de la Unión, de facultad para legislar de manera exclusiva en la materia, evitando así la dispersión y asimetría legislativa que se está generando, así como la iniciativa de ley aquí analizada, del 2008, constituyen un enorme paso en materia de Protección de Datos en México. En la iniciativa se reconoce la importancia de legislar en la materia al decir en la parte expositiva que: *"...debe destacarse que es impostergable la responsabilidad de esta soberanía para legislar en materia de protección de la privacidad de los datos personales de los individuos, no sólo por tratarse de un tema de protección de Derechos Humanos y libertades fundamentales, sino porque tiene un origen y efectos esenciales sobre la economía nacional y el aseguramiento del comercio irrestricto entre las entidades federativas, y con la regulación del comercio con otros estados extranjeros."* .

Considerando la situación actual que en materia de Protección de Datos personales existe en México y tomando en cuenta la ausencia de una regulación jurídica que garantice a las personas la protección de sus datos personales en posesión de particulares, es urgente que la actual Legislatura inicie el examen de la iniciativa y observe el plazo establecido en la reforma constitucional.

La iniciativa está compuesta por siete capítulos, en el Capítulo primero denominado *"Disposiciones Generales"*, se establece que el objeto de la ley es la protección de los datos personales contenidos en bases de datos en posesión de particulares, con la finalidad de garantizar el derecho al honor, imagen y vida privada de las personas. Se exceptúa del cumplimiento de la *Ley a las Sociedades de Información Crediticia* que hayan sido autorizadas por la Secretaría de Hacienda y Crédito Público para operar con ese carácter, y las personas que lleven a cabo la recolección y almacenamiento de datos personales, que sea para uso exclusivamente personal, y sin fines de divulgación o utilización comercial.

Se definen diversos conceptos que son fundamentales para la aplicación de la ley, tales como el concepto de datos personales, definido como aquella información concerniente a una persona identificada o identificable, y que para efectos de esta Ley, se divide en datos personales sensibles y datos personales de identificación.

En el proyecto se estima que los datos personales sensibles son aquellos relacionados con aspectos genéticos, huella digital o medios de reconocimiento biométrico, así como con la condición médica o de salud, de origen racial o étnico, creencias religiosas, filosóficas y morales, afiliación sindical, opiniones políticas o preferencia sexual del titular. Asimismo, se considera información sensible cualquiera que permita acceder o conocer balances o saldos de cuentas o estados financieros del titular, o en general datos relativos al conocimiento de claves o números de identificación personal de cuentas o tarjetas bancarias, de inversión, títulos u otros instrumentos de crédito.

Consideramos necesario precisar en el capítulo referido los conceptos de tratamiento y disociación, ya que una vez que los datos personales son objeto de tratamiento es cuando se da su acceso, cotejo o interconexión, así como su cancelación y es a partir de su tratamiento, que se puede llega a dar un uso indebido de los datos personales.

La disociación será el procedimiento a través del cual los datos personales no podrán asociarse al titular ni permitir, por su estructura, contenido o grado de desagregación, la identificación del mismo. En este sentido se prevé en la Ley que los datos sensibles únicamente se podrán difundir para fines estadísticos, previo proceso de disociación, en términos de las disposiciones legales aplicables.

Cabe señalar que en el ordenamiento se establece que los principios y derechos previstos, tendrán como límite, la protección de la seguridad nacional, el orden, la seguridad y la salud públicos, así como los derechos de terceros.

En el Capítulo segundo se establecen los *Principios relativos a la Protección de Datos* y se considera de obligatoria observancia para los particulares en el tratamiento de datos personales, los principios de licitud, consentimiento, información, calidad, confidencialidad, derecho al olvido y seguridad.

En cuanto al principio de *licitud,* se prohíbe la obtención de datos personales por medios ilícitos, engañosos o fraudulentos y se considera lícito el tratamiento de datos personales cuando el titular de los datos haya otorgado su consentimiento y el objeto de la base de datos no sea contrario a la ley. En este sentido se garantiza en el tratamiento de datos personales la expectativa razonable de privacidad, entendida como la confianza que deposita cualquier persona en un particular, respecto de que los datos personales proporcionados a éste último, no serán tratados para fines distintos a los del objeto de su recolección.

Por lo que respecta al principio del *consentimiento,* considerado como el eje central en la Protección de Datos de carácter personal, se establece la obligación consistente en que todo tratamiento de datos personales requiere del consentimiento de su titular y concretamente en lo referente a datos sensibles se prevé que ninguna persona está obligada a proporcionar sus datos personales sensibles, únicamente cuando medie un consentimiento expreso, informado y entendible del titular de los mismos.

Para dar cumplimiento al principio de *información,* en la iniciativa se establece la obligación a cargo de los particulares que posean bases de datos personales, de proporcionar un aviso de privacidad, el cual en forma clara y entendible hará del conocimiento de los titulares de los datos personales, sus prácticas y políticas por lo que respecta al tratamiento de los datos personales. Además, queda definido el contenido del aviso de privacidad, así como el mecanismo a través del cual se pondrá a disposición de los titulares de los datos personales.

El principio de *calidad,* el cual se refiere a que los datos que se recaben deben ser pertinentes, adecuados y no excesivos para el fin que se pretenda en su tratamiento, se ve plasmado en la iniciativa al establecerse que los datos personales contenidos en las bases de datos deberán ser exactos y actualizados; aquellos que sean inexactos o incompletos deber ser suprimidos y sustituidos o bien, completados por el responsable de la base de datos.

El principio de *derecho al olvido* se incorpora en el proyecto al obligar a los responsables de las bases de datos a eliminar los datos personales contenidos en dichas bases, una vez que se haya cumplido el fin para el que fue creada.

Por lo que respecta al principio de *seguridad* se prevé que la autoridad en la materia establecerá mediante disposiciones generales, las medidas y procedimientos que deberán observar los particulares para garantizar la protección de los datos personales. Además, se prevé la creación de un Registro administrado por la Comisión Nacional de Protección de Datos Personales, en el cual estará inscrita toda base de datos.

En el Capítulo tercero se hace referencia a *los Derechos de los Titulares de Datos Personales*, consistentes en los derechos de acceso, rectificación, cancelación y oposición. Se prevé que todo titular tenga derecho a conocer si sus datos personales se encuentran almacenados en una base de datos y a solicitar su rectificación o cancelación en forma gratuita y en consultas no menores a seis meses. Además se prevé que los titulares puedan oponerse a proporcionar sus datos personales, salvo que exista obligación por disposición legal, de una relación contractual o por resolución de una autoridad competente.

Con la finalidad de que el titular pueda ejercer los derechos ante el Particular, se establece en el Capítulo cuarto un procedimiento ágil consistente en solicitar al Particular el ejercicio de los derechos previstos en la ley, teniendo el Particular un plazo de un máximo de cinco días hábiles para determinar la procedencia de la solicitud, y en su caso permitir el acceso o llevar a cabo la rectificación o cancelación de sus datos personales.

En caso de que exista una negativa de acceso, rectificación o cancelación de los datos personales; o bien inconformidad respecto a la respuesta obtenida, se prevé que el particular podrá solicitar ante la autoridad en la materia una declaración administrativa de infracción a efecto de que aquélla determine la procedencia de su solicitud, dejando a salvo los derechos de cualquiera de las partes involucradas para recurrir ante las autoridades jurisdiccionales correspondientes.

En el Capítulo quinto, se establece como autoridad administrativa en la materia, la *Comisión Nacional de Protección de Datos Personales* con la naturaleza jurídica de un organismo descentralizado de la Administración Pública Federal, no sectorizado, dotado de personalidad jurídica y patrimonio propio; contando con plena autonomía técnica y de gestión, así como para dictar sus resoluciones.

La Comisión tendrá entre sus atribuciones la promoción y protección de los datos personales en posesión de particulares; el desarrollo, fomento y difusión de análisis, estudios e investigaciones en materia de Protección de Datos personales en posesión de particulares; el establecimiento de los lineamientos que en materia de seguridad en el tratamiento de los datos personales, deban observar los particulares; la emisión de las disposiciones necesarias para la operación, funcionamiento y control del registro de bases de datos previsto en la ley; la difusión de los compromisos asumidos por el Estado mexicano en los instrumentos; procurar la solución de las diferencias entre los titulares de datos personales y los particulares; elaborar el Programa Institucional en materia de Protección de Datos Personales en posesión de particulares; conocer y resolver los procedimientos de declaración de infracción administrativa; resolver los recursos de revisión interpuestos en contra de sus resoluciones, así como imponer las sanciones correspondientes.

En la propuesta de iniciativa de ley se propone que la Administración de la Comisión corresponda a la Junta de Gobierno y a la Presidencia del mismo, previéndose que la Junta de Gobierno esté integrada por cinco representantes de diversas Secretarías de Estado relacionadas con el tema de la Protección de Datos personales y el Presidente de la Comisión, quien la presidirá. Además con la finalidad de que la Junta de Gobierno tome sus decisiones apoyada de la experiencia y conocimiento de todos los sectores involucrados en el tema, en su conformación se prevé que puedan ser invitados a sus sesiones representantes de los sectores económico y social, así como de universidades de educación superior o de organizaciones civiles, quienes asistirán con derecho a voz, pero no a voto.

Entre las funciones de la Junta de Gobierno, destacan la de establecer las políticas generales para la conducción de la Comisión, así como acordar la realización de todas las operaciones inherentes al objeto del organismo con sujeción a las disposiciones aplicables.

En este mismo Capítulo, se prevé la creación de la Contraloría, órgano de control interno, al frente de la cual estará la persona designada en los términos de la Ley Orgánica de la Administración Pública Federal.

Asimismo, contará con un Comisario Público propietario y un suplente, designados por la Secretaría de la Función Pública, quienes ejercerán sus funciones de acuerdo con las disposiciones legales aplicables.

En cuanto a la estructura, funcionamiento, operación, desarrollo y control la Comisión se regirá por lo dispuesto en la Ley y le serán aplicables las disposiciones contenidas en la Ley Federal de Procedimiento Administrativo, en lo que no se oponga a la misma; y las relaciones de trabajo del organismo y su personal, se regirán por la Ley Federal del Trabajo, reglamentaria del apartado "A" del artículo 123 de la Constitución Política de los Estados Unidos Mexicanos.

Cabe señalar en esta propuesta la referencia, al deber jurídico previsto en el artículo 18 de la Ley Federal de Presupuesto y Responsabilidad Hacendaria, el cual señala que ante toda propuesta de aumento o creación de gasto del proyecto de Presupuesto de Egresos, deberá agregarse la correspondiente iniciativa de ingreso distinta al financiamiento o compensarse con reducciones en otras previsiones de gasto. Al respecto, se considera, que no debe limitarse por ley, la protección y satisfacción de nuevos derechos y necesidades por parte del Estado, que van surgiendo por virtud del natural dinamismo social y tecnológico; no obstante y conociendo el impacto presupuestal de la presente propuesta que someto a consideración de esta Soberanía, al crearse un organismo que tutele el derecho que nos asiste a todas las personas, es que se señala que al ejercer sus funciones de autoridad el organismo mencionado, éste podrá imponer sanciones de naturaleza económica, que ayudarán a la obtención de los recursos económicos necesarios para el funcionamiento y operación del mismo.

Posteriormente en el Capítulo sexto se regula el *Procedimiento de Declaración Administrativa de Infracción*, con la finalidad de que la Comisión determine la procedencia de la solicitud de acceso, rectificación, cancelación u oposición de datos personales, ante una negativa del Particular. Se establece la forma y los plazos en que se sustanciará el Procedimiento y se prevé que en contra de las resoluciones que la Comisión emita, procederá el recurso de revisión en los términos previstos por la Ley Federal de Procedimiento Administrativo, siendo la Comisión la competente de conocer y resolver el recurso de revisión. En todo caso, se deja a salvo el derecho de cualquiera de las partes involucradas en la controversia para recurrir ante las autoridades jurisdiccionales correspondientes.

En el Capítulo séptimo, se establecen aquellas conductas que constituyen infracciones a la ley, así como las sanciones a que se harán acreedores aquellas personas que infrinjan la ley, las cuales serán fundadas y motivadas y consistirán desde la obligación para que el particular lleve a cabo los actos solicitados por el titular, hasta multa de 5000 días de salario mínimo vigente en el Distrito Federal.

Cabe señalar que esta es la séptima iniciativa de ley sobre la materia que se genera en el Congreso Mexicano desde Febrero de 2001, fecha en la que se dio a conocer la primera iniciativa de Ley Federal de Protección de Datos Personales del ex-Senador Antonio García Torres. El tema de la Protección de Datos personales en posesión de particulares, plantea retos y desafíos importantes ante una eventual legislación, los cuales tienen que ver con los temas de seguridad pública, respeto a los derechos fundamentales de las personas, desarrollo económico y comercial, así como combate a la discriminación. No es en vano que el tema relativo al nivel adecuado de Protección de Datos con otros países se ha discutido ampliamente y ha generado un gran debate en las diversas mesas de trabajo y en las reuniones del propio Congreso desde Febrero de 2001 primordialmente por la red de tratados comerciales con los que México cuenta y sobre todo por las limitantes que prevén al respecto otros tratados comerciales vigentes.

BIBLIOGRAFÍA

I.- COLECCIONES JURÍDICAS

AA.VV. *Base de datos Celex.* Ed. Comunidad Europea, Bruselas, (B), 1997-2009

AA.VV. *Orden Jurídico Nacional.* Base de Datos de la Legislación Mexicana. Secretaría de Gobernación, México

II.- FUENTES DOCUMENTALLES IMPRESAS

ACUÑA LLAMAS, Francisco Javier. *Dos caminos hacía la protección integral de los datos personales en México.* En: VILLANUEVA, Ernesto y LUNA PLA, Issa (eds.), Derecho de acceso a la información pública: valoraciones iníciales, México, UNAM, USAID, FKA, 2004

ACUÑA LLAMAS, Francisco Javier. *Las órbitas del Derecho a la Información en México. A propósito de la reforma del artículo 6° constitucional.* En: Derecho comparado de la Información, Ed. UNAM, México, enero-junio 2008.

ADAME GODDARD, Jorge. *Naturaleza, persona y Derechos Humanos*, México, UNAM, 1996.

ARENAS RAMIRO, Mónica: El Derecho Fundamental a la Protección de Datos Personales en Europa, Tirant lo Blanch, Valencia, España, 2006.

ARTEAGA BOTELLO, Nelson: *"Acceso y uso del Internet: entre la desigualdad y la polarización".* En: La complejidad de las ciencias sociales en la sociedad de la información y la economía del conocimiento. Trastocamiento objetual y desarrollo informacional en Iberoamérica, Massé Narváez, Carlos E. (Coord.), Colegio Mexiquense. A. C, México, 2005

ARUS, Francisco B. : *"Libertad de expresión y administración de justicia".* En: Cuadernos de Derecho Judicial. Escuela Judicial. Consejo General del Poder Judicial. C.G.P.J. Estudios sobre el Código Penal de 1995. XI, Madrid,1996.

BECERRA RAMÍREZ, M. : *La Recepción del Derecho Internacional en el Derecho Interno*. UNAM/IIJ. México, 2006

BAINBRIDGE, David I: *Data Protection Law* (2a. edition), Hertfordshire, Reino Unido, 2005.

BAZÁN, Víctor: *Los Derechos Económicos, Sociales y culturales en acción: sus perspectivas protectorias en los ámbitos internos e interamericano*, en Anuario de Derecho Constitucional Latinoamericano, tomo 2, vol. 2005, IIJ,UNAM, Ciudad de México, México, 2005

BENALCAZAR, Grace; TAPIA, Galina; IRIARTE AHON, Erick: *Informe Situacional de Privacidad y Acceso a la Información en América Latina*, UNESCO - ONG Alfa Redi, Lima, Perú, 2007

BENNETT, C. J. : *Regulating Privacy: Data Protection and Public Policy in Europe and the United States*. Ithaca, NY: Cornell University Press, 1992

BETES DE TORO, Alfredo: *"El derecho de información y los principios legitimadores del tratamiento automatizado de los datos de carácter personal en la Directiva 95/46/CE, de 24 de octubre de 1995."* En: Actualidad Informática Aranzadi. A.I.A. Núm. 25 de Octubre, Ed. Aranzadi, Elcano (Navarra.), 1997.

CARPIZO, Jorge Y Miguel CARBONELL (Coords.): *Derecho a la Información y Derechos Humanos*, IIJ, UNAM, Ciudad de México, México, 2000.

CEVALLOS, Diego: México: Transparency Law- A vaccine against corruption, 2003 WL 6915685, June 12, 2003,80

COUSIDO GONZÁLEZ, P.: *Derecho de la Comunicación* Vol. I., Colex, Madrid, 2000

DA CUNHA LOPES, Teresa y Martha OCHOA DE LEÓN: "El *Control de la Administración Tributaria sobre el Comercio Electrónico.*" En: MONTALVO ROMERO, Ma. Teresa (Coord.): Los Retos del Derecho en el México de Hoy. UMSNH, Universidad Veracruzana y Tesorería del Estado de Michoacán, Morelia, México, 2006

DA CUNHA LOPES, T.; MARTÍNEZ HINOJOSA, V.; VILLALÖN ALEJO, L. : *"El impacto de los escenarios tecnoeconómicos en las transformaciones del Derecho en el Siglo XXI.*" En DA CUNHA LOPES et allii (Coords.): Aproximaciones Interdisciplinarias a la Reflexión Jurídica. UMSNH, Morelia, 2007

DADA ESCALANTE, Paola: *Información contra Privacidad, México entra a la era de la transparencia.* México, Instituto de Acceso a la Información (IFAI), 2004

DAVARA F. DE MARCOS, Isabel: *"Breve aproximación a la problemática jurídica del comercio y la contratación electrónicos y a la firma electrónica en particular".* En: Estudios en Homenaje al Dr. Fix Zamudio, Tomo XII, UNAM, 2008.

DAVARA F. DE MARCOS, Isabel: *Protección de Datos en México: problemática jurídica y estatus normativo actual,* UNAM y Ed. Porrúa, México, 2009

FIX-ZAMUDIO, Héctor (Coord.): *México y las Declaraciones de Derechos Humanos,* IIJ, UNAM, Ciudad de México, México, 1999.

HERRÁN ORTIZ, ANA ISABEL: *El Derecho a la Protección de Datos Personales en la Sociedad de la Información,* Universidad de Deusto, Bilbao, España, 2003

HORNE, David A. y Daniel R. HORNE: *Database Marketing: When Does Good Practice Become an Invasion of Privacy?* En: Marketing Theory and Applications, edited by Kenneth Evans and Lisa Scheer, vol. 13 (480–486). Chicago: American Marketing Association.2002

HUBER, RUDOLF y ERNESTO VILLANUEVA (Coords.): *Reforma de Medios electrónicos. ¿Avance o retroceso?,* IIJ-UNAM, Ciudad de México, México, 2007

KRASNER, Stephen D.: *"La integración regional y el fin de la guerra fría".* En : Agusto Vega Casanovas (comp.): Liberalización económica y libre cambio en América del Norte: consideraciones políticas, sociales y culturales. México, El Colegio de México, 1993.

LÓPEZ AYLLÓN, S. *Derecho de la Información*: En INSTITUTO DE INVESTIGACIONES JURÍDICAS DE LA UNAM: *Diccionario Jurídico Mexicano*, México, 1999.

MONTALVO ROMERO, Ma. Teresa: *Las Estructuras Institucionales y la Agenda Digital en México*. En: Revista Letras Jurídicas no. 18, UV, Xalapa, 2008

MORALES PRATS, Fermín: *Delitos contra la Intimidad, el derecho a la propia imagen y la inviolabilidad del domicilio*. En: Comentarios a la parte especial del Derecho Penal. Dirigida por Gonzalo Quintero Olivares y Coordinada por José Manuel Valle Muñiz. Ed. Aranzadi, Pamplona (Nav.), 1996.

MORALES PRATS, Fermín: *Protección penal de la Intimidad, frente al uso ilícito de la informática en el Código penal de 1995*. En: Cuadernos de Derecho Judicial. Escuela Judicial. Consejo General del Poder Judicial. C.G.P.J. No. XI, Delitos contra la libertad y Seguridad, Madrid, 1996.

MORALES PRATS, Fermín: D*elitos contra la Intimidad, en el código penal de 1995: reflexiones político-criminales*. En: Cuadernos de Derecho Judicial. Escuela Judicial. Consejo General del Poder Judicial. C.G.P.J, Estudios del Código Penal de 1995, Madrid, 1996.

MORALES PRATS, Fermín: *La tutela penal de la Intimidad: Privacy e informática*. Ed. Barcelona (Esp.), 1984.

PATRICK, P. H.: *Privacy restrictions on transnational data flows: A comparison of the Council of Europe draft convention and OECD guidelines*. En: Jurimetrics Journal, *21*(4), 405–420, 1981

PÉREZ LUÑO, A. E.: *"Del Habeas Corpus al Habeas Data"*. En: *Encuentros sobre Informática y Derecho*, Instituto de Informática Jurídica, Universidad Pontificia Comillas, Madrid, 1991.

REGAN, Priscilla: *"The Globalization of Privacy: Implications of Recent Changes in Europe"*. En: The American Journal of Economics and Sociology.Vol.52, no.3, Julio 2003

REGAN, Priscilla: *"Safe Harbors or Free Frontiers? Privacy and Transborder Data Flows."* En: Journal of Social Issues, Vol. 59, No. 2, 2003, pp. 263—282

RIASCOS GOMEZ, Librado: *El Derecho a la Intimidad, la visión Iusinformatica y el delito de los datos personales.* Tesis Doctoral, Universidad de Lleida, España, 1999

RIBEIRO MENDES, Armindo Antonio Lopes: *Sistemas Jurídicos Comparados.* Universidade Nova, Lisboa, 2005

RODOTÀ, S.: *Beyond the E.U. Directive: Directions for the Future.* En: Y. POULLET; C. DE TERWANGNE; P. TURNER (Ed.). Privacy: New Risks and Opportunities. *Cahier du CRID.* Amberes: Kluwer. N. ° 13, pág. 211 f.

WARREN, Samuel y L.D. BRANDEIS: *El Derecho a la Intimidad.* Edición a cargo de Benigno Pendás y Pilar Baselga. Ed. Civitas S.A., Madrid. 1995.

ZAGREBELSKY, GUSTAVO: *¿Derecho Procesal Constitucional? y otros ensayos de Justicia Constitucional.* Fundap, México, 2004.

III.- CIBERGRAFÍA

CINVESTAV, Gobierno electrónico, Coordinación General de Servicios de Cómputo Académico Centro de Investigación y Estudios Avanzados del IPN. http://www. Cinvestav. Mx/Portals/0/cgsca/E-Gobierno. Pdf .Consultado el 10 de julio 2008.

CONVENIO 108 DEL CONSEJO DE EUROPA. En: http://conventions.coe.int/Treaty/EN/Treaties/Html/108.htm

CORNEJO LÓPEZ, Valentino Francisco. *La Firma Electrónica Y Su Futuro En México. Responsabilidad De Las Empresas En El Uso De La Firma Electrónica.* Universidad Panamericana, México, 2007. Consultado el 18 de octubre de 2009 en: http://idup.gdl.up.mx/ficheros/firma.pdf

DA CUNHA LOPES, Teresa: *El ICANN, el problema de la gobernanza de Internet y las posturas enfrentadas en la Cumbre Mundial de la Sociedad de la Información: su impacto sobre la resolución de conflictos en Internet.* En: Revista Electrónica Derecho, Bioética y Nuevas Tecnologías, Facultad de

Derecho y Ciencias Sociales/UMSNH, no. 1, Nov.-Dic. 2005, en: http://www.themis.umich.mx/revistaDBN/

DE DIENHEIM BARRIGUETE, C. M.: "El Derecho a la Intimidad, al honor y a la propia imagen, En: Doctrina, pp. 59-65, IIJ/UNAM, consultado el 21 de noviembre 2009". En : http://www.juridicas.unam.mx/publica/librev/rev/derhum/cont/57/pr/pr28.pdf

GONZÁLEZ IBARRA, Juan de Dios y Ladislao Adrián REYES BARRAGÁN: "La Administración de la Justicia en México. La Reforma del artículo 18 de la Constitución Política de los Estados Unidos Mexicanos." En: E-Journal de la UNAM, consultado el 14 de agosto 2009. http://www.ejournal.unam.mx/

GRUPO DE TRABAJO DEL ARTICULO 29: " Creating a Safer Information Society by Improving the Security of Information Infrastructures and Combating Computer-related Crime". 2000. Consultado el 20 de Julio de 2009 en: http://www.datenschutzberlin.de /doc/int/iwgdpt/cy-en.htm

HELSCHER, David. Griswold v. Connecticut and the Unremunerated Right of Privacy. Northern Illinois University Law Review. 1994Consultada el 14 de octubre de 2009 en http://www.niulawreview.org/

Internet Engineering Task Force. http://www.ietf.org/

IFAI, Recomendaciones de Seguridad para la Protección de Datos Personales, http://www.ifai.org.mx/

IRIARTE AHON, ERICK (coordinador): Informe de Análisis y Propuestas en Materia de Acceso a la Información y Privacidad en América Latina, UNESCO- ONG, Lima, Perú, 2007, Versión electrónica disponible en Alfa-Redi, consultada en 19 de mayo 2007 en http://www.cedi.uchile.cl/catalogo/downloads/informedepropuestas.pdf

JURISPRUDENCIA (consultada a partir de los portales de los Tribunales Constitucionales):
SCJN / México : http://www.scjn.gob.mx/ius2006
CALEX : Legislación y Jurisprudencia del Tribunal Constitucional Español http://www.senado.es/brsweb/CALEX/
Canadá (Supremo Tribunal) http://www.scc-csc.gc.ca/Welcome/index_f.asp

Estados Unidos (Supreme Court)
http://www.supremecourtus.gov/
Francia (Consejo Constitucional)
http://www.conseil-constitutionnel.fr/
Portugal
http://www.tribunalconstitucional.pt/tc/index.html
Tribunal de Justicia de las Comunidades Europeas
http://curia.eu.int/pt/index.htmTribunal de 1ª Instancia (o Tribunal de
Primera Instancia de las Comunidades Europeas)
http://www.curia.eu.int/pt/instit/presentationfr/index.htmTribunal Europeo de
los Derechos del Hombre
http://www.echr.coe.int/
Comisión de Venecia
http://venice.coe.int

OCDE (Publicaciones) (www.oecd.org)

A) PRIVACIDAD Y FLUJOS DE DATOS
TRANSFRONTERIZOS OECD Guidelines on the
Protection of Privacy and Transborder Flows of
Personal Data (September 23, 1980) OECD Privacy
Statement Generator .Developing a Privacy Policy
and Statement Inventory of Privacy-Enhancing
Technologies (PETs) (January 23, 2003)
Report on Compliance With, And Enforcement of,
Privacy Protection Online (February 12, 2003)
Privacy Online: OECD Guidance on Policy and
Practice, (November 2003)
: OCDE Ministerial Meeting on the Future of the
Internet Economy
Making Privacy Notices Simple (July 24, 2006)
OECD Report on the Cross-Border Enforcement of
Privacy Laws (October 26, 2006)
Recommendation of the Council on Cross-Border
Co-operation in the Enforcement of Laws Protecting
Privacy (June 12, 2007)
Radio Frequency Identification (RFID). A Focus on
Information Security and Privacy (January 14, 2008)
OCDE. *RFID, Radio Frequency Identification,
OCDE Policy Guidance. A Focus on Information*

Security and Privacy Applications, Impacts and Country Iniciatives. (Junio 2008)
Electronic Signatures and Authentication Policy Summary of Responses to the Survey of Legal and Policy Frameworks for Electronic Authentication Services and E-Signatures in OECD Member Countries, (August 3, 2004)
OECD Recommendation on Electronic Authentication and OECD Guidance for Electronic Authentication (July 12, 2007)

PISANTY, Alejandro: *¿Qué se debe articular en una "agenda digital" para México?*, En: Política Digital, revisado en: http://www. politicadigital. com. mx/nota. php?id_rubrique=14&id_article=431 &color=4b188d (2 de julio 2008)

REIDENBERG, JOEL R.: *Privacidad y Comercio Electrónico en los Estados Unidos,* http://reidenberg.home.sprynet.com/Privacidad-USA.htm, consultado en 19 de mayo 2007, artículo publicado originalmente con el título "Americans' Privacy in Electronic Commerce".*En el* Berkeley Technology Law Journal, *Spring, 1999*

UNION EUROPEA (Legislación consultada en esta investigación http//eur-lex.europa.eu/LexUriServ/LexUriServ.do?uri=CELEX:52005PC0475:ES:N OT)

A) DIRECTIVAS

Council Directive 93/13/EEC of 5 April 1993 of Unfair Terms in Consumer Contracts
Directive 95/46/EC of the European Parliament and of the Council of 24 October 1995 on the protection of individuals with regard to the processing of personal data and of the free movement of such data
Directive 97/7/EC of the European Parliament and of the Council of 20 May 1997 on the Protection of Consumers in respect of Distance Contracts (Distance Contracts Directive) Directive 97/66/EC of the European Parliament and of the Council of 15 December 1997 concerning the processing of personal data and the protection of Privacy in the telecommunications sector (repealed and replaced by Directive 2002/58/EC)

Directive 1999/44/EC of the European Parliament and of the Council of 25 May 1999 on certain aspects of the sale of consumer goods and associated guaranties

Directive 2000/31 of the European Parliament and the of the Council of June 8 2000 on certain legal aspects of information society services, in particular electronic commerce in the Internal Market (Directive on electronic commerce)

Directive 2002/58 EC of the European Parliament and the of the Council of 12 July 2002 concerning the processing of personal data and the protection of Privacy in the electronic communications sector (Directive on Privacy and electronic communications)

Directive 2006/24/EC of the European Parliament and of the Council of 15 March 2006 on the retention of data generated or processed in connection with the provision of publicly available electronic communications services or of public communications networks and amending Directive 2002/58/EC

PROYECTO E-PRODAT: Assessment on Data Protection and e-Government in European Regions and Cities, Report February 2006, Universidad Rey Juan Carlos, consultado en línea en 19 de mayo 2007 en http://www.eprodat.org/

TINOCO ÁLVAREZ, M.A.: *"Algunas Consideraciones En Torno Al Concepto De Idoneidad, Posibilidad Y Exclusividad De La Prueba En Los Procedimientos Judiciales De Naturaleza Civil"*. Consultado el 14 de octubre de 2009 en :

http://74.125.155.132/search?q=cache:PEiRjCaUMB8J:lasallius.googlepages .com/algunasconsideracionesentornoalconceptod+Dr.+Marco+Antonio+Tino co+%C3%81lvarez&cd=23&hl=es&ct=clnk&gl=mx

TRIBUNAL CONSTITUCIONAL (Alemania): STC alemán, 15 de diciembre de 1983. Ley del Censo. STC 254/1993, de 20 de julio 1993 y STC 143/1994 de 9 de mayo

En: http://www.informaticajuridica.com/jurisprudencia/alemania.asp.

TRIBUNAL CONSTITUCIONAL (España) : STC 290/2000 de 30 de noviembre. En: http://www.csi.map.es/csi/pdf/sentencia_290.pdf, consultada el día 03 de Agosto del 2009

U.S. DEPARTMENT OF COMMERCE. *Safe Harbor overview*. Revisado Julio 7, 2000, en :
http://www.ita.doc.gov/td/ecom/SafeHarborOverviewAug00.htm
U.S. DEPARTMENT OF COMMERCE. *Safe Harbor list*. Revisado Junio 4, 2002, en: http://www.ita.doc.gov/td/ecom/FRN2.htm

U.S. *Department of State* Freedom of Information Act *(*FOIA*). Consultado en : http://www.state.gov/m/a/ips/*

VELASCO SAN MARTÍN, Cristos; PÉREZ-JAÉN ZERMEÑO,María Elena. *An Update on the Status of Privacy and Data Protection in Mexico.*VII Meeting of the Iberoamerican Data Protection Network (*Red Iberoamericana de Protección de Datos RIPD*) on November 3, 2009, Madrid 4-6 November, 2009. Consultado en Internet el 24 de noviembre de 2009, en :
http://www.protecciondedatos.org.mx/wp-content/uploads/2009/10/ArticlePDPMexico2.pdf

Editado: 21 de febrero de 2010
Título: La Protección de Datos Personales En México
1ª. Edición /500 ejemplares
Colección: "Transformaciones Jurídicas y Sociales en el Siglo XXI"
4ª serie/No. 2
Coordinadores de la Colección
Hill Arturo del Río Ramírez
Teresa M.G. Da Cunha Lopes
María Teresa Vizcaíno López
ISBN: 978-0-557-30705-0